ミニマリストな暮らし方

ひとり暮らしから5人家族まで。
人気インスタグラマー＆ブロガー21人

はじめに

なかなかものを捨てられない。探しものが見つからない…。

「ものが多い」悩みは、多くの方に共通することではないでしょうか。

「せっかく買ったんだから、捨ててしまうのはもったいない」
「いつか使うかもしれないし、持っていれば何かあったときに困らないはず」
「もっと大きな収納家具があったらスッキリ片づくのに…」
そう思ってもしまいますね。

しかし、ものや家具をなくしたほうが、むしろ片づいた、快適に暮らせるようになった、自由な時間が増えた、という方々がたくさんいました。

ひとり暮らしから家族５人まで。
人気インスタグラマー＆ブロガー 21人。

面倒だった掃除前の片づけをしなくて済むようになったり。
一定数の私服を制服化することで、着る服を選ぶ時間を省けたり。
なかなか見つからなかった探しものを、すぐに見つけられるようになったり…。
イライラやモヤモヤがなくなって、時間と心に「ゆとり」が生まれているようです。

ものがないから「本当に大切なもの」が見える。

自分にとっての最適量を持って、心地よく暮らすために。
人生の優先順位を見直すアイデアを、ご一緒に見てまいりましょう!

すばる舎 編集部

はじめに 003

1章 少ないもので豊かに暮らす7人の部屋作り

012
01
一番大切な資産は、お金ではなく「時間」
ミニマリストしぶ (@minimalist_sibu) ひとり暮らし、1R
収入が少なくてもひとり暮らしがしたかった／やりたいことに時間とエネルギーを投入
同じ服を毎日着るというおしゃれの仕方／食事は1日1回、夕食だけ

018
02
mami (@minimamist_58) ひとり暮らし、1K
何かに追われることなく毎日を過ごしたい
持たない暮らしでストレスを減らす／部屋の広さは部屋面積より床面積
ひとりでまったりする時間を大切に／多用途使いできるものをあえて持つ

024
03
物理的にも精神的にも身軽に生きる
おふみ (@ofumi_3) 2人暮らし、1LDK
掃除前の片づけ作業が苦痛でした／引っ越すたびに部屋のサイズがコンパクトに
3年半の間に減らしてきたもの／「私服の制服化」で毎朝服に悩まない

030
04
84KICHI (@84kichi) 2人暮らし、2LDK
「使うかも」「あると便利かも」を断捨離
暮らしを楽しくしてくれるものだけ残す／テレビを処分したら夫婦の会話が増えました
「何もない」より「心地いい」が大切／コーヒー好き夫婦の2人時間

036
05
理想は、床にものがないスッキリとした部屋
むすび (@0omusubi2) 3人暮らし、2LDK
月いち一捨のスロー断捨離／小さな子どもが安全に過ごせるように考えて
手放すことにお金をかけたくありません／毛布を3枚処分して羽毛布団に

042
06
yk.apari (@yk.apari) 4人暮らし、3LDK
「過去への執着」と「未来への不安」を手放せば、ものは捨てられる
モヤモヤしたら断捨離の合図／家族のものは確認してから処分する
散らかる原因は「後回し」の積み重ね／ほとんどのものは、なくてもなんとかなる

048
07
いつでも引っ越しできる家、を目指して
kozue (@kozue._.pic) 3人暮らし、3LDK
ものが少ないと引っ越しも掃除も管理もラク／大きな家具は持たない
無印良品のコの字家具やボックスが大活躍／1日を充実させる朝3時間の使い方

2章 大きな家具がないスッキリとしたリビング

056

兼子寿弘 (@minimalist_.ph)
ひとり暮らし、1DK

好きな黒を基調にリビングの色味を統一。床に何もない状態を目指しています

仕事を辞めると同時にミニマリストを目指すように
リビングにあるのは、デスクと鏡、ワードローブだけ
テレビも掃除機も手放しました
自炊を増やして食費も削っていきたい

060

saori (@saori.612)
2人暮らし、2DK

片づけ好きと片づけ下手の2人が、ストレスなく暮らせるリビング

パートナーは片づけが苦手でした
細々したものは一箇所にまとめて探しやすく
代用できるものを積極的に活用
どうすれば使いやすくなるかを考えて

064

maru＊ (@___mr.m___)
4人暮らし、3LDK

あらゆるものを白で統一し、空間をスッキリ見せる

白は一番、空間を邪魔しない色
ソファベッドで寝落ちする幸せ
収納家具は追加せず備えつけの棚に収める
掃除のことを考えて、ものは床に直置きしない

068

うた (@utatanenet_home)
4人暮らし、3LDK

ものが少ないと、多色使いしてもゴチャつかない

模様替えをしながら快適さを模索中
大きな家具を置かず床を広く見せる
買ってよかったスライド式ベッド
「とりあえず」で買わないように心がけて

3章　クローゼットは7割ならぬ5割収納

074

hana（@simplelife_hana512）
ひとり暮らし、1K

ものを詰め込まないと、把握しやすく、すぐに整えられます

部屋の乱れと心の乱れは連動する
ワクワクするものを積極的に持つ
規則正しい生活が心の安定のカギ
わが家に欠かせない家電「炊飯器」

078

みそぎ（@clearlist16）
ひとり暮らし、1K

引越し25回以上、海外移住先5カ国。トランク1つで身軽に移動

すべての持ちものがトランク1つに収まるまでに
「電動歯ブラシ」は絶対に持っていたいもの
1週間のコーディネートを決めておくとラク
旅に欠かせない軽量スーツケース

082

masudaの暮らし（@kurashi_camera）
ひとり暮らし、4LDK

部屋も頭の中も、余白を意識して

脳のメモリを減らせば頭も心もスッキリ
引き出しに空きがあっても詰め込まない
手入れが面倒なものは持たない
思考を豊かにするものには積極的に投資

4章 多くを持たないと料理も後片づけもラク

088

tao（@______tao）
ひとり暮らし、1LDK

必要最低限のもので生活しながら、手作り料理を楽しむ

捨てるときも買うときも「考える」
お金をかけずに「いいもの」を手に入れる
優先したいのは「住、食、衣」の順
ドライフラワーを部屋のあちこちに飾って

092

camiu.5（@camiu.5）
5人暮らし、3LDK

大好きなキッチンだから常に整えておきたい

リセットはいつもキッチンから
出したら戻せる仕組みを作る
お金は毎月予算を決めてやりくり
白か黒でスッキリまとめる

096

mana（@rgrg_1110）
5人暮らし、3LDK

シンクまわりが片づいていない日もあっていい

片づけやすい「量」と「仕組み」が大切
苦手な料理は食材数でカバー
3人の子どもと過ごす時間が一番大切
収納が得意ではないからこそ最適量を持つように

5章 メリハリをつけてお金を使う

102
よりこ（@yorikko33）
2人暮らし、1LDK
費やす時間が長いものへ優先的にお金をかけています
給料が減った分を投資信託でカバー
家にいる時間が好きなので家賃を最優先に
2年かけてものを手放し、思い込みも一緒に断捨離
ストレスを感じやすいからこそ心の安定を大切に

106
ピノ子@くらしにのらり（@kura_nora）
3人暮らし、3DK
ムダなものを減らすと、お金にもメリハリがつく
断捨離のきっかけはメルカリでの小遣い稼ぎ
固定費を見直して40万円の節約
家族3人で過ごす時間を大切に
無印アイテムが掃除の原動力

110
森秋子
3人暮らし、1LDK
中古品を活用して、人と比べずゆったり暮らす
一番コストダウンした買い物は「家」
消費欲求はエア爆買いで発散
「ない家」にいると素敵なものにどんどん出会える
勉強机のない子ども部屋

114
kei（@minmaro_0107）
3人暮らし、3LDK
お金を使いたくないなら家で過ごすのが一番
ものを減らしたら掃除が好きになりました
家計簿は体重計と同じ
お掃除ロボットの導入はよく考えて
持ちすぎなければ収納術は不要

6章 ミニマリストおすすめの掃除・洗濯グッズ

120 スティック型クリーナー
122 洗濯機
124 油汚れ、水垢対策
126 アルコール除菌

1 章

少ないもので豊かに暮らす 7人の部屋作り

本章では、ひとり暮らし、2人暮らし、3人以上暮らしのミニマリスト7人の暮らしぶりを紹介。

みなさんそれぞれに独自の快適さを求めて、必要最小限のものに囲まれながら、暮らし方を工夫されています。家族構成によっても、こだわりや工夫のポイントは様々。

「ミニマリスト」と呼ばれる人たちが、どのような視点や考え方で、暮らしを作っているのか、さっそく見てみましょう。

01

ミニマリストしぶ

@minimalist_sibu

一番大切な資産は、お金ではなく「時間」

**ゆとりがあれば、
「したいこと」にエネルギーを注ぐことができます。
自分の幸せな時間を増やせるようにお金を使っています。**

PERSONAL DATA

Instagram	https://www.instagram.com/minimalist_sibu/
Blog	「ミニマリストしぶのブログ」https://sibu2.com/
	ひとり暮らし、福岡県在住、23歳、株式会社「Minimalist」代表取締役
住まい	1R、4.5畳（ユニットバス部分を除く）、家賃2万円／月
プロフィール	澁谷直人（しぶや・なおと）。1995年生まれ。福岡県北九州市出身。欲しいものは何でも手に入る、超裕福な家庭で育った、元マキシマリスト。著書『手ぶらで生きる』（サンクチュアリ出版）はAmazonベストセラー1位になり、海外数カ国で翻訳。自身が監修を手がけるブランド「MINIMALS」では、ミニマリスト向けの製品をデザインしている
持つ／持たない／捨てる基準	迷ったら持たない。必要だと即断即決できるものを持つ

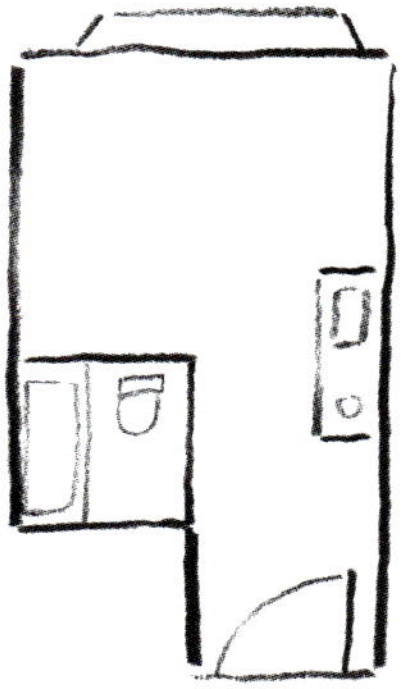

MINIMALISTS

収入が少なくてもひとり暮らしがしたかった

フリーターだった当時「実家を抜けて、ひとり暮らしをしたい」願望がありました。少ない収入でひとり暮らしするには、ものを減らせばいいのではないか。冷蔵庫やテレビなど大型家電を持たなければ、広い部屋に住む必要もなく、初期費用も安くできるはずと、ものを減らし始めました。

今でも「所有はコストである」という考えが根っこにあります。

生活費が月7万円もあれば満足に暮らしていけることがわかり、すぐ実家を出て念願のひとり暮らしをスタート。少ないお金で生活ができると、労働時間をセーブすることにもつながって、趣味や生活を堪能する余裕も生まれました。

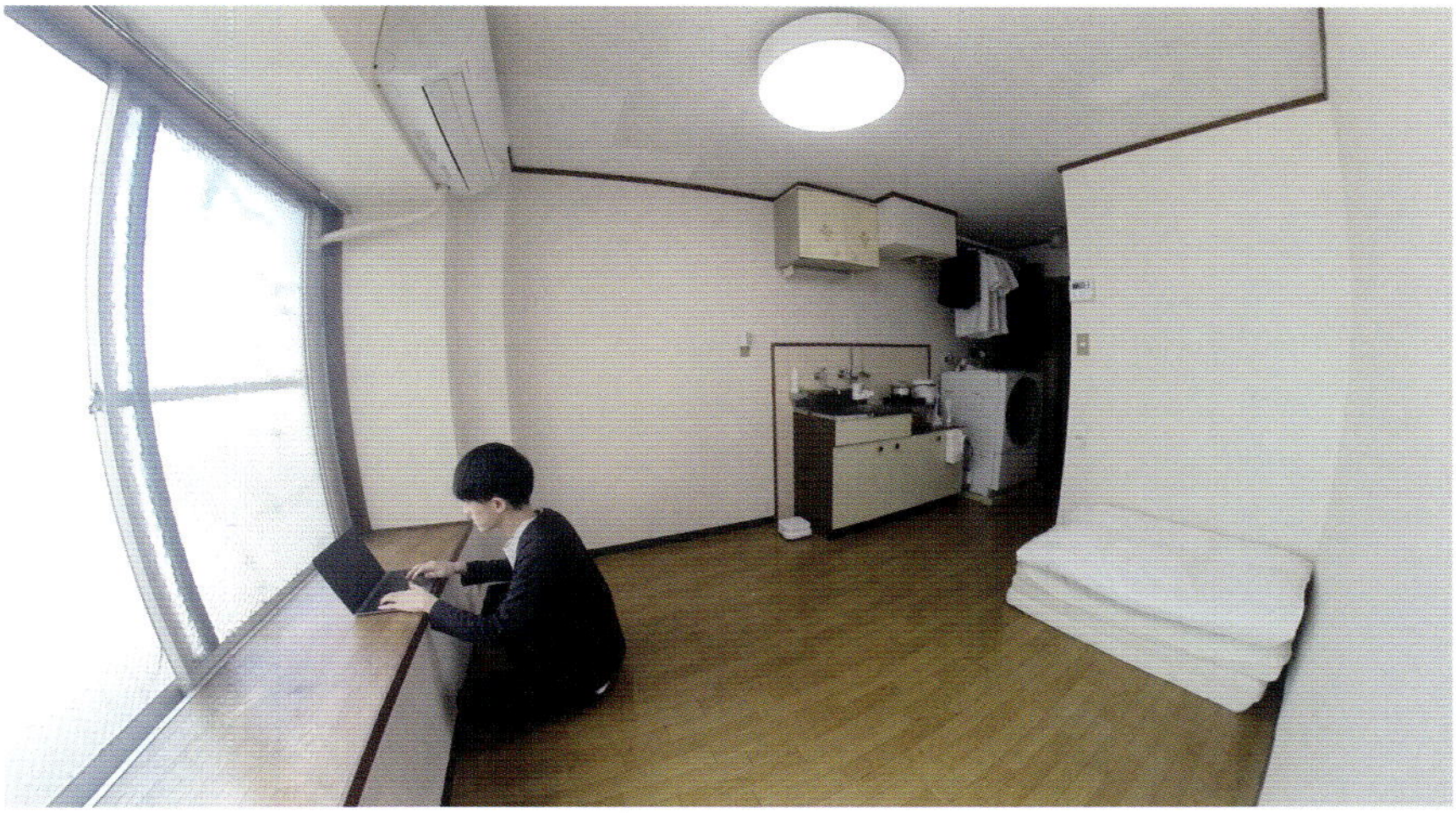

4畳半、家賃2万円のわが家。「ゆとり」を確保するため、「時短につながるもの」「健康維持につながるもの」「作業効率を高めるもの」の3つには、重点的にお金を回しています。カーテン、冷蔵庫、電子レンジ、ベッドはありませんが、快適に暮らしています。

MINIMALISTS

やりたいことに時間とエネルギーを投入

暮らしの中で一番大切にしていることは、「ゆとり」です。「〜しなきゃ」と、縛られるものが増えれば増えるほど不自由な人生になるような気がしています。

そこで、「したくないこと」をできるだけしなくて済むようにし、自分の「したいこと」にエネルギーを向けたいと思うようになりました。

ゆとりを持って本を読んだり昼寝したり、ブログを書いたり…。

やりたいことをするために、時短につながるお掃除ロボットや、体調管理に有効なサプリメントやジム会費、アクセスのよい駅近の狭い家などには、お金を惜しみません。

同じ靴を3足買いそろえたら、靴の劣化を気にせず毎日履けて快適。明日何を履こうかと悩む必要がなくなります。シーズンごとに新しく買わなくて済むので、お金も浮きます。

乾燥後すぐ吊るせるように、乾燥機つき洗濯機の真上に、つっぱり棒で簡易クローゼットを設置。全衣類をMAWAハンガーで吊るし、スッキリ収納。白Tシャツ4枚。黒パンツ3枚。アウター4着で。オールシーズン計11着。肌着類16着。

普段使いのリュックはcôte&cielの「ISAR」。Apple社公認のブランドであり、スティーブ・ジョブズが愛用していたことでも有名。購入の決め手は、装飾が少ないミニマルなデザインと、カジュアル過ぎないシルエット。PC収納部に分厚い衝撃緩衝材がついています。

同じ服を毎日着るというおしゃれの仕方

過去を振り返ると、ファッションが大好きで、もらったお小遣いや稼いだお金の大半を服やファッション誌の購入に費やしていました。

服を買い漁ってばかりいたのでクローゼットはパンパンでした。

でもある日、気づいたんです。結局お気に入りの服ばかり着ていると。

だから、「毎日同じ服を着るおしゃれ」を楽しむと決めました。

一張羅とも言える服を毎日着て、コーディネートの手間を省き、浮いた時間やお金をほかの活動にあてる。

そのほうが、僕には魅力的に思えました。

魚と野菜を中心とした献立をよく食べます。写真は玄米と納豆、カットレタスに鯖の水煮缶を開けたもの。調理の工程を省ける「缶詰」「カット野菜・冷凍野菜」などをよく使います。

調理家電は、IHヒーターと炊飯器のみ。IHヒーターはdretecのコンパクトサイズIHを、炊飯器はKOIZUMIのひとり用サイズを採用。その他のキッチン用品も、片手鍋・フルーツナイフ・まな板・お玉・あくとりだけ。最小限のものしか持っていません。

冷蔵庫を持っていないので、常温保存できる缶詰や、サプリメントを常備。鮮魚や野菜などは近所のスーパーで、買った日に食べきってしまいます。「必要な量を、必要なときだけ」を心がけています。

MINIMALISTS

食事は1日1回、夕食だけ

朝ごはんはとりません。起きてすぐにコップ1杯の水に、食物繊維のパウダー「イヌリン」を混ぜて飲むだけ。

昼食も、野菜ジュースやプロテインなどカロリーの少ない飲みものを飲んで終わり。お昼にガッツリごはんを食べると眠くなってしまうので、1日1食の「食」は、夕食にとるようにしています。

調理も簡単で洗いものが少なくて済む「玄米を使った丼物」「素材そのまま食べられるフルーツや刺身」など、調理の手間がかからないメニューを食べていることが多いです。本当においしいごはんは、素材そのままでもおいしいです。

「カーテンなし生活」の魅力

カーテンをかけていません。机と椅子もなく、出窓が机代わり。ここで仕事をしたり、食事をとったりしています。

プライバシーを心配されますが、磨りガラスで覗き見の心配はなし。光で目覚める気持ちよさといったら、もうやみつきです！

ものが少ないからこそ輝くお掃除ロボット

床を拭き掃除してくれる、お掃除ロボットのブラーバ。

本体サイズが小さいので設置も省スペースで済みます。バッテリー充電の配線でゴチャつかず、稼動音が静かで夜の賃貸マンションでも掃除できる優れもの。「お掃除ロボットのために部屋を片づける」必要性がないミニマリストとの相性は抜群です。

ベッドをやめて折りたたみのマットレスに

いろいろと試した結果、アイリスオーヤマのエアリーマットレスにたどり着きました。本体が軽く、持ち運びや折りたたみも簡単。

ベッドをやめてからは、寝るとき以外は「寝具をたたむ習慣」が身についたので、ベッドでダラダラすることもなくなり、部屋を広く見せられるように。

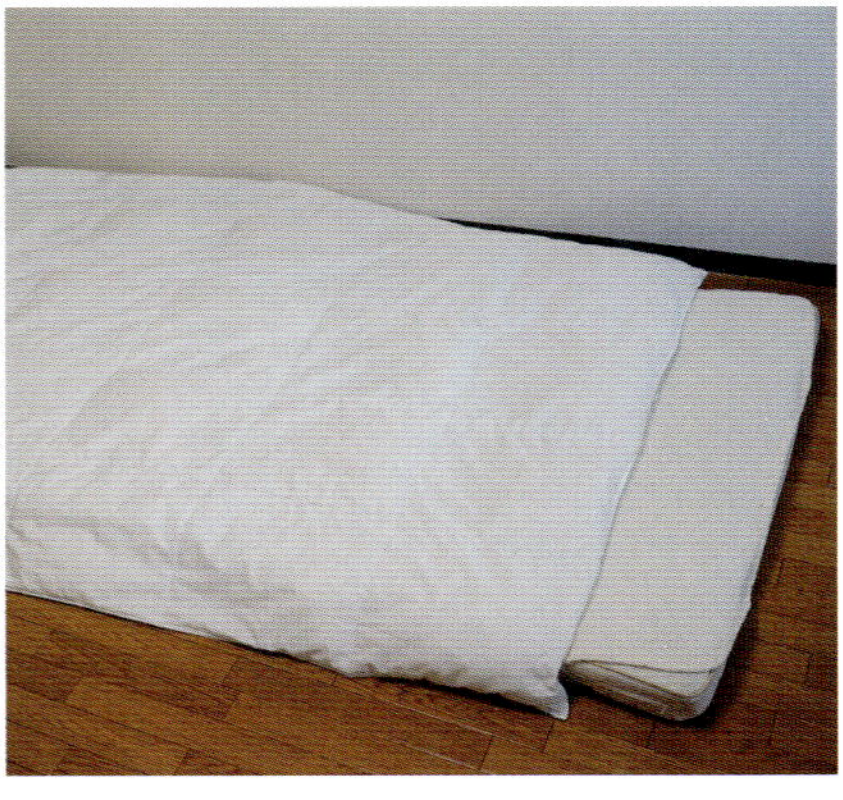

プロジェクター内蔵のシーリングライト「popIn Aladdin」

テレビを見ない生活を何年も続けていますが、Youtubeやネット配信で観られる映画などを大画面で楽しみたいときがあります。

そこで導入したのが、天井に設置することでケーブル配線の煩わしさを解消したプロジェクターです。照明器具としても使え、家庭用の引っ掛けシーリングに工事なしで取りつけられます。テレビと違って場所を取らないので、映像好きなミニマリストにおすすめ。

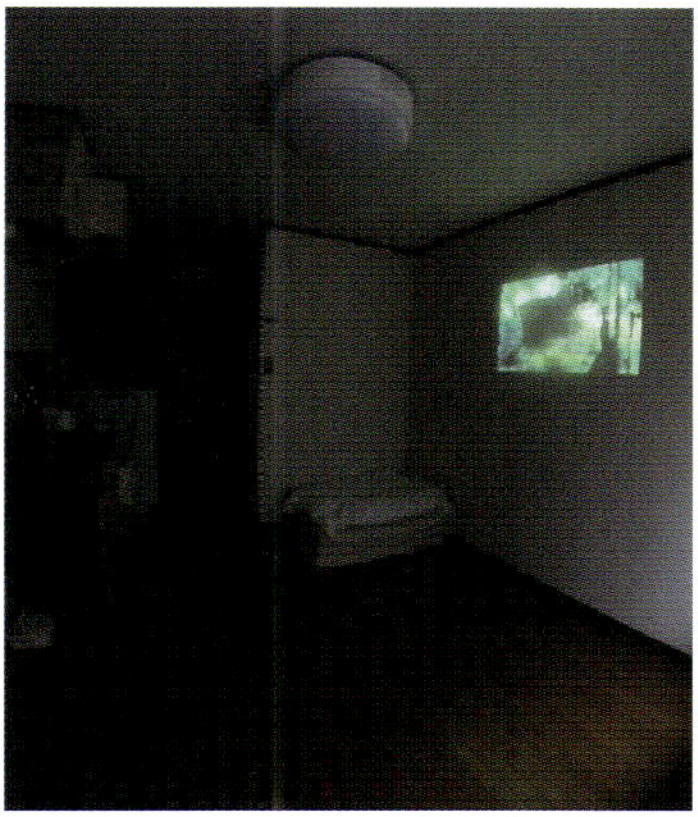

玄関用スマートロック「Qrio Smart Lock」

キーレスな生活を試みて、玄関に取りつけできる最新家電を導入。

スマートフォンを持ち歩いていれば、鍵を取り出して解錠するという手間をなくすことができます。

また、オートロック機能で締め忘れを防止することも。

自身で開発したMINIMALS「手ぶら財布」

「スマホ1つで外出」を実現するため、スマホ裏に貼り付ける「スマホ一体型の財布」を開発。収納できるのはカード3枚・お札数枚・鍵1つと、決して多くはないですが、持ちものが少ないミニマリストならではの財布。

制限がある分、キャッシュレス決済にしたり、そのときその場所で必要な金額だけを持ち歩くクセが必要です。

mami
@minimamist_58

何かに追われることなく毎日を過ごしたい

「やらなきゃいけないこと」を減らして、
「やらなきゃいけないと思うこと」をやめています。

PERSONAL DATA

Instagram	https://www.instagram.com/minimamist_58/
	ひとり暮らし、東京在住、20代、サービス業
住まい	1K、5.2畳（15.8㎡）、賃貸
持つ基準	今必要か、今の生活がより豊かになるか、テンションやモチベーションがあがるものか。
持たない基準	ときめかないデザイン、代用がきくもの、メンテナンスが大変なもの
捨てる基準	基本はときめかなくなったら。最近使ってないなと思ったら

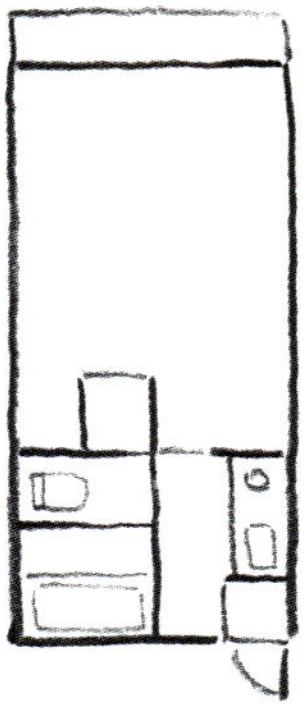

MINIMALISTS

持たない暮らしでストレスを減らす

5・2畳の1K。1年前、上京を機にこの部屋に越してきました。それ以前、愛知県に住んでいたときの部屋は倍以上の広さがあったものの、すでに「持たない暮らし」をしていたので、今の狭さにも特別不便を感じません。

持たない暮らしに目覚めたのは、8年前、雑誌の断捨離特集に衝撃を受けて。なかなか片づかない部屋の原因が、物量の問題だったことに気づきました。

長い時間がかかりましたが、本当に好きなもの、必要なものを見極めることができるようになり、お気に入りのものに囲まれた生活はストレスフリーです。

ベンジャミン・バロックは、カールした葉っぱが特徴の植物。乾燥にも強くて育てやすいです。

部屋の広さは部屋面積より床面積

部屋の広さは実際の広さより、見えている床の広さだと思うので、できる限り家具は置かないようにしています。

アンティークが大好きで、細長い台は古道具屋さんで見つけたもの。もとはアイロン台だったようです。

折りたたむことができ、台としても、またテーブルとしても多用途に使っています。

古道具と観葉植物ベンジャミン・バロックの組み合わせは、前の住まいからずっと変わらず、落ち着きます。

グリーンがあると、シンプルな部屋も華やかになるように思います。

最近、テレビを購入しました。テレビスタンド「WALL TV STAND」を使えば、壁掛け風に、スッキリ収まります。

ベッドの断捨離を機に、クッションを追加しました。クッションがあることで、お部屋の雰囲気がグッとシマる気がします。少ないもので暮らすからこそ、1つ1つのものへのこだわりが増します。

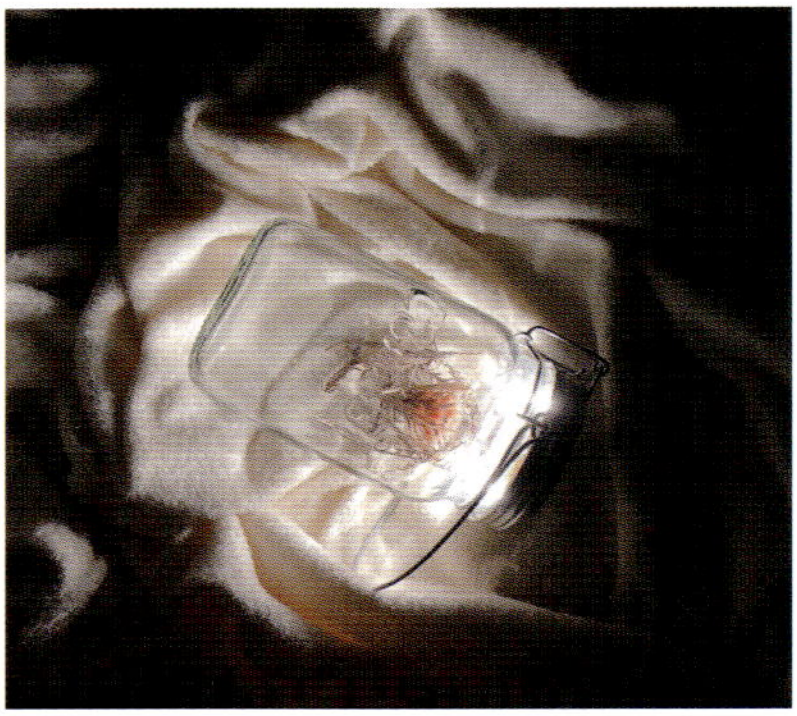

ずっと欲しかったソネングラス。中に好きなものを入れられます。ドライフラワーを入れてみましたが、アクセサリーや外国のコインを入れてもよさそう。南アフリカ生産のフェアトレード製品です。

MINIMALISTS

ひとりでまったりする時間を大切に

片づいたリビングで大好きなコーヒーを飲みながら、まったりするのが至福の時間。

マットレスは寝るときに敷き、普段は立てかけて部屋の隅に置いているか、三つ折りの状態でソファ代わりにしてゴロゴロしています。

掛け布団は、ニトリのかるふわ羽毛掛ふとん。軽くて温かい優れものです。

間接照明が好きで、いくつも持って楽しんでいるのですが、最近のお気に入りはソネングラス。

ソーラー充電で、コードレスなところが、大好きなポイントです。吊り下げられるので、飾る幅も広がります。

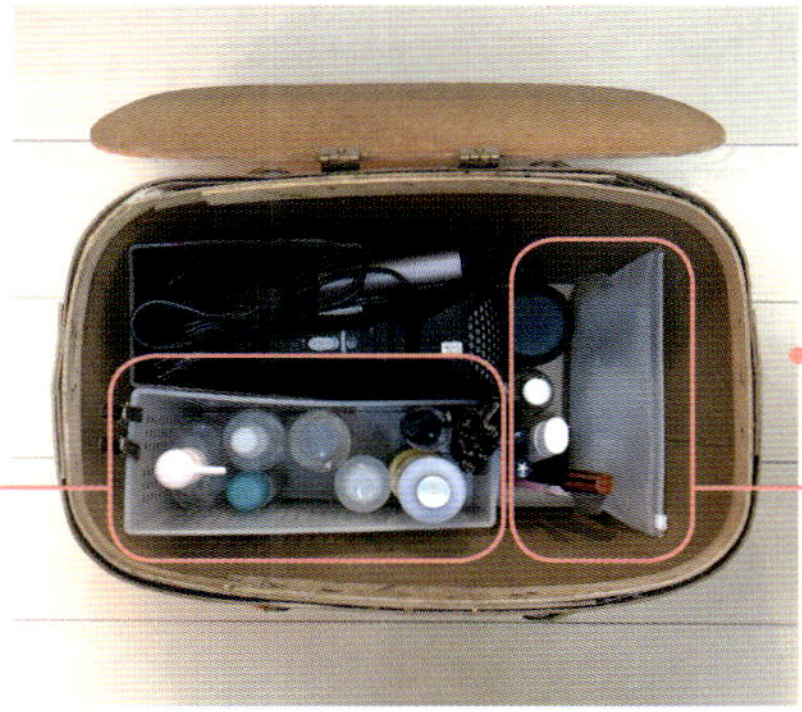

バスケットの中。かなり容量があって、ヘアアイロンやドライヤーも入ります。収納容器がピッタリはまると気持ちがいい！

バスケットの中からメイク道具を取り出したら、バスケットのフタの上に置き、コーヒーを飲みながらお化粧するのが朝の日課です。

スキン、ヘア、ボディ、ハンドケアアイテムも、ひとまとめに収納。立った状態だと、急いでいるときでも取り出しやすい。

Can Doで、コスメ収納にぴったりの高さと幅の容器を見つけました。立てる収納の「立ててスリムになる」ところが大好きです。

MINIMALISTS

多用途使いできるものをあえて持つ

少ないもので暮らしていくために、多用途に使えるものを選んで持つようにしています。

大きなバスケットもアンティーク。この中にはメイク道具を入れています。

お風呂あがりに必要なドライヤーなどの道具や、メイクに必要な朝の支度セットをひとまとめにしています。

中でごちゃごちゃしないように、種類ごとに収納容器で分けて整理。

バスケットのフタの上部が固いつくりになっているので、サイドテーブル代わりに使っています。

来客があったとき、サブのテーブルにもなります。

ファッションアイテムの合計は65点

クローゼットの中味を数えてみました。洋服オールシーズンで16（トップス4、パンツ2、スカート1、ワンピ3、アウター6）、ファッションアイテム合計22。下着や靴下、インナー類がトータル27。全部で65でした。

オフシーズンのものは、トランクの中に収納しています。

私服の制服化にチャレンジ

ユニクロ無地Tシャツ3枚と、スキニー・無印良品のデニム・スカートを各1に、柄ストール2枚を組み合わせて制服化。

小物が好きなので、ストールやバッグを変えたり、ヘアメイクをアレンジするだけで気分が変わります。

MAWAハンガーをゲット

ずっと気になっていたMAWAハンガーをついにゲット。「欲しいな〜」は、やっぱりいつか買うことになるんですね。

服を掛けたときの恐るべし安定感！　ずり落ちません。

いいものって使って初めてわかります。

着倒して劣化した服は感謝しながら断捨離

ミニマリストになって3年間着倒した一番のお気に入りワンピと、ワンシーズンと割り切って、唯一今年買い足したプチプラワンピース。

色落ちや日焼け、ほつれが目立ってきたので手放しました。

服は、年齢や体型の変化に合わなくなったら、さよならするようにしています。

洗濯機は持っていません

洗濯機を持たない暮らしも1年以上経ちましたが、今のところ不便なしです。

基本、衣類は手洗いで済ませ、シーツなどの大物は週末にコインランドリーで洗っています。

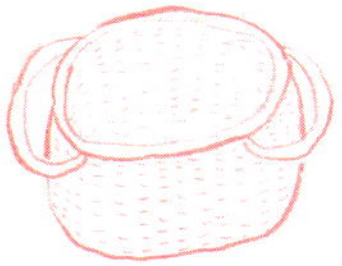

買い物しない月間を作る

必要最低コストを見直すために、「買い物しない月間」ＮＳＭ（No Shopping Month）を時々決めています。その期間内はストックが切れたときも代替案を一度考えます。

お金は家計簿アプリＺａｉｍで管理。

キャッシュレス派なので、通帳やお財布は持ち歩きません。無印良品のパスポートケースを財布代わりに、簡易家計簿ノートや銀行の通帳、カード類をひとまとめにしています。

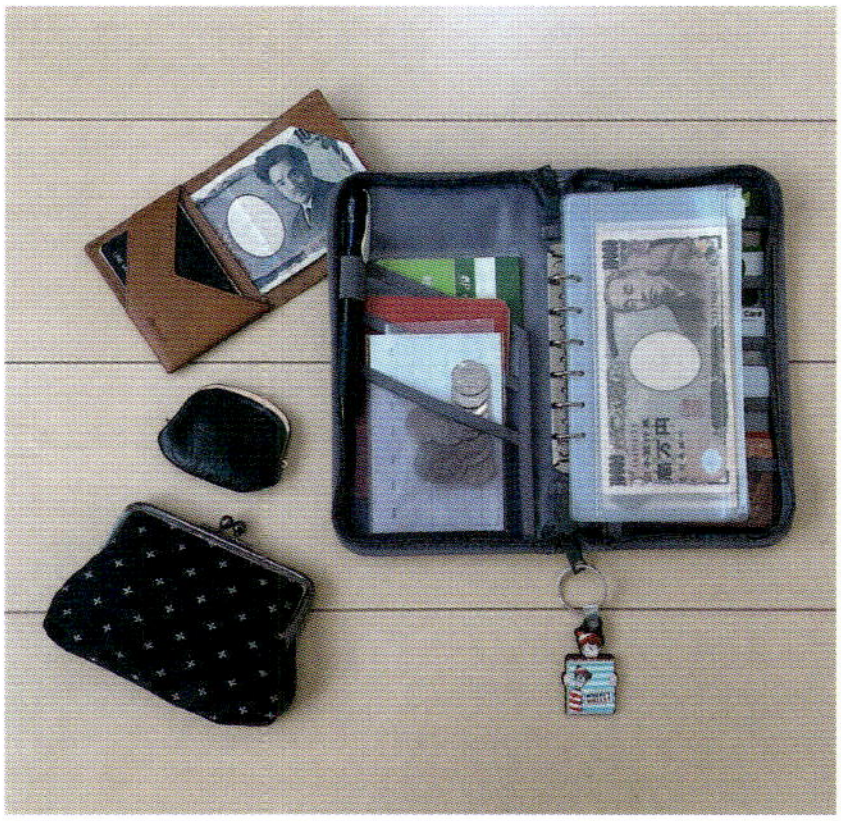

おふみ

@ofumi_3

物理的にも精神的にも身軽に生きる

ものを減らしたら、掃除や家事の労力が減りました。
家賃やその他の生活費も抑えられ、
夫婦の喧嘩も劇的に減りました。

PERSONAL DATA

Instagram https://www.instagram.com/ofumi_3/
Blog 「ミニマリスト日和」 http://www.minimalistbiyori.com/

2人暮らし（夫婦揃ってミニマリスト）、
日本在住、30代、フリーランス

住まい 1LDK、32㎡、賃貸

持つ基準 服なら一軍。明日着たいと思えるもの。それ以外のものなら、視界に入ったときと使ったときのどちらもストレスがないもの（使い勝手がよく、見た目が好みのもの）

持たない基準 世間で必要とされていても自分は必要ないと思うもの

捨てる基準 服なら「まだ着られるかも」と思うもの。あってもなくてもいいもの。視界に入るたびに「このまま持つかどうか」と迷うようなもの

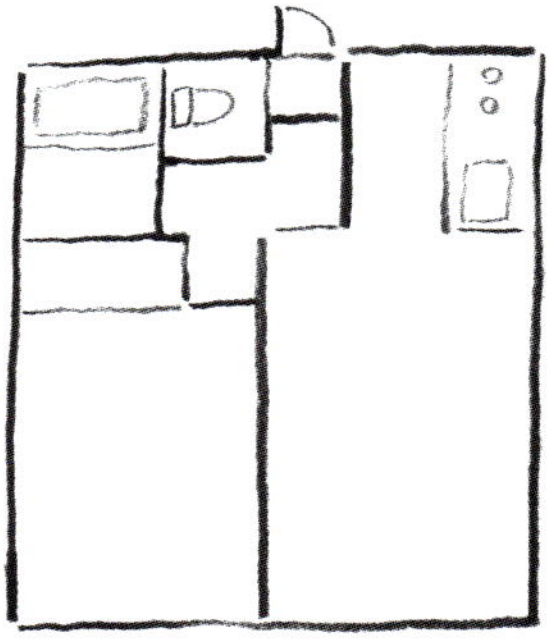

MINIMALISTS

掃除前の片づけ作業が苦痛でした

以前、仕事でトラブルが続いたとき、「掃除ができていないと運気が下がる」という記事を目にしました。

試しにトイレ掃除から始めて毎日続けてみたら、トラブルが回避され、ほかの場所も掃除し始めるように。

当時はものを捨てられず溜め込んでいたので、掃除にたどり着く前に片づけの必要があり、それがとても苦痛でした。

まずはものを減らすのが先決だと思い、断捨離を開始。

「持たない暮らし」と検索したら、ミニマリストブログにたどり着き、かぶりつくように熟読。読めば読むほどやる気が出ました。

44㎡から32㎡への2回目の引っ越しは、ハイエース1台1往路で済ませました。部屋の面積や収納の面積が小さくなれば、合わせて自然と持ちものを減らせます。

引っ越すたびに部屋のサイズがコンパクトに

ものを溜め込んでいた頃、身軽になりたいけれど、何を捨てればいいのかわからずにいました。

ミニマリストブログと出会ってからは、何を捨ててその物量に至ったのかを学び、気持ちを高めたまま自分の部屋を見渡すのが日課になりました。ブログのおかげで今の自分があり、1日1断捨離を続けることができました。

その後、3年半で引越しを2回経験しました。引っ越すたびにどんどん部屋の面積が狭くなっています（78㎡→44㎡→32㎡）。

狭い部屋に住むと家賃を抑えられます。毎月必要な経費がコンパクトなら、たくさん働いてお金を稼がなくても暮らしていけます。

この椅子は背もたれがクッションで肘掛があるので、長時間座っても疲れにくく、座面が広くて姿勢が安定します。くつろぎ用にも仕事用にも使用。

snow peakの寝袋は、ふかふかで寝心地最高! 洗えるし、中に毛布を挟めば、真冬もぽかぽかです。袋状なので、冷気も入りません。

本は、無印良品のフタ式ダンボールボックスに収納しています。夫が3箱、私が2箱までと決めています。

マットレスは日中は折りたたんで立てかけています。寝袋は、折りたたまずに干しています。

MINIMALISTS

3年半の間に減らしてきたもの

今までに手放してよかったものNo.1はダブルベッドです。今はアイリスオーヤマの三つ折りマットレスの上に寝袋を敷いて眠っています。

ほかには、収納家具自体を処分して中身も断捨離。ソファも座卓も手離して、ダイニングテーブル兼仕事用デスクの折りたたみテーブルに。

大きなテレビも手放してコンパクトに。炊飯器も手放して、土鍋でごはんを炊くようになりました。今の家にあるものは断捨離対象から逃れたもの。必要だと判断したものが残っています。

すべてが、残す理由を持っているものばかりです。

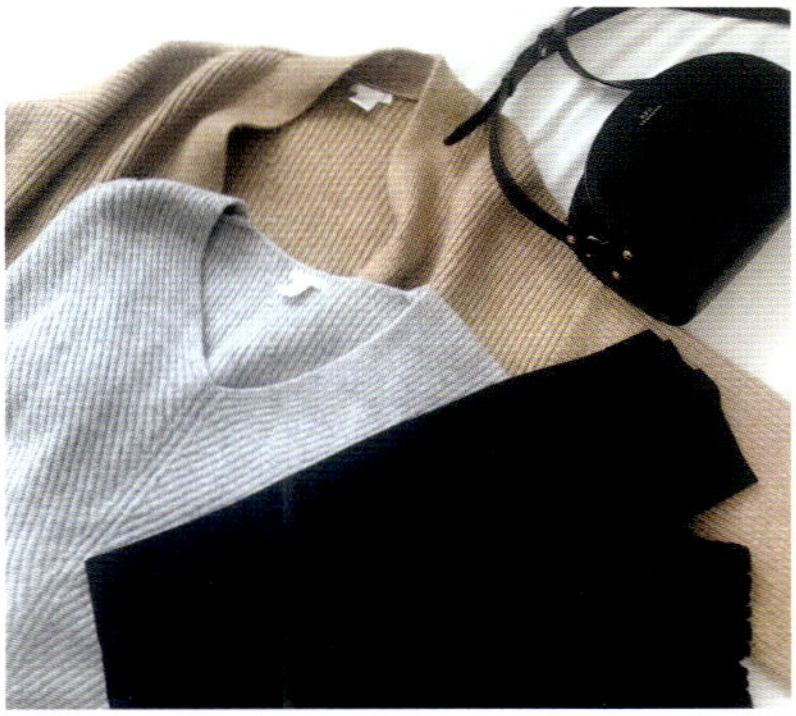

グレーニットは毎年1着は持っていますが、その年の気分に合った形のものを着たいと考えているので、1～2年で買い替え。1着買ったら1着手放しています。

今期の秋冬は、トップス5、ボトムス4の9着。定番と流行を半々で取り入れ、明日着たいと思えるものだけに厳選。定番はグレーニット、白シャツ、ボーダーシャツ、デニム。

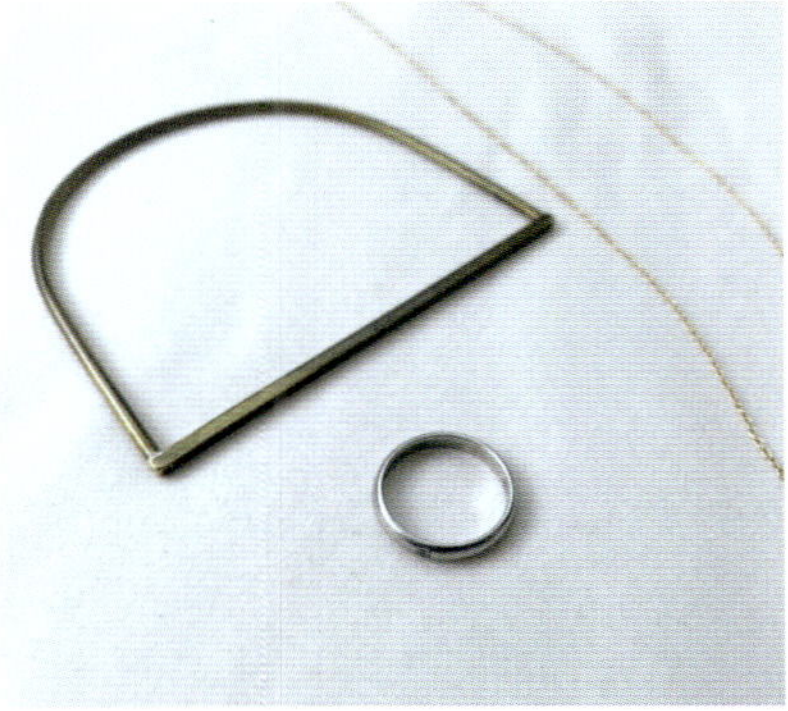

手持ちのアクセナリー。アクセサリーの中でも、ネックレスとバングルと指輪は、それぞれ1つずつあればいいと思っています。

MINIMALISTS

「私服の制服化」で毎朝服に悩まない

毎朝何を着ていいか悩まなくて済むように、1シーズンに3パターンほどのコーデを用意して、それを制服のように毎日順番に着る「私服の制服化」を行っています。今年で4年目になります。

以前は、リサイクルショップやフリマで安い服をたくさん買っていたので、秋冬服だけで30~40着くらい持っていたと思います。当時は、ワンシーズンを両手の指で数えられるほどの枚数で暮らせるようになるとは思いもしませんでしたが、今は10着内で十分。

私服を制服化してからは、服が足りない、そろえなければという飢餓感がなくなりました。

超軽量折りたたみ傘

Wpc. のSUPER AIR-LIGHT。コンパクトサイズで、本当に軽いので、いつでも持ち歩いています。おかげで傘を忘れたことがなく、コンビニで傘を買うということを数年来していません。

吸水折りたたみ傘ケースは、SOLO-TOURISTのもの。中がふわふわの吸水仕様になっているので、濡れた傘をそのまましまえます。

忙しいとき助かる献立キット

自炊の何が億劫かというと、献立を考えること。忙しさのピーク時には、まるっと献立キットに頼るのも1つの手だと考えています。時々oisixのミールキットを利用。人参の千切りなど、切るのが大変なものだけすでに切ってあるというのも嬉しいポイント。

完全自炊よりは少し高額ですが、外食するよりはリーズナブルです。

夫婦喧嘩が減りました

ものが溢れていたときは、家事の分担について夫婦で頻繁に喧嘩していました。ところが、ものを減らしてからは家事がラクになったので、分担をやめて自分ひとりで担当するようになりました。

おかげで分担について言い合いがなくなり、喧嘩が劇的に減りました。

小物入れのコンポニビリが食器棚代わり

以前は、備えつけの大きな食器棚がある家に住んでいたのですが、備えつけられていない家に引っ越しすることになりました。

食器棚なしで暮らせないかと考えた結果、食器棚の代わりに、小物入れにしていたコンポニビリを使うことに。

昔は、食器を行く先々で買っていましたが、今では中身を減らして、毎日使う食器しか持っていません。

作家ものの食器は友人に欲しいものがないか尋ねて、譲ったりして手放しました。

冷蔵庫もファミリーサイズからひとり暮らし用にサイズダウンしました。

読書用の折りたたみイージーチェア

このイージーチェアは、温泉の休憩エリアにある寝椅子に座って読書をするという、あの至福の時間を自宅にも持ち込みたいと思って買ったものです。

頭まですっぽり覆ってくれるハイバックなので、ゆったりと読書したり、うたた寝したりできます。

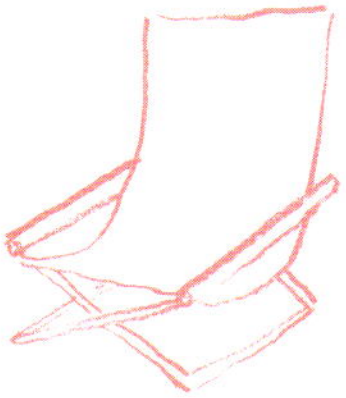

84KICHI

@84kichi

「使うかも」「あると便利かも」を断捨離

**つい残しておきがちなものも、
夫婦2人の暮らしに必要かどうかを考えて見直しています。
意見が食い違ったときは、理由を話して、
お互いが納得いくところに着地しています。**

PERSONAL DATA

Instagram	https://www.instagram.com/84kichi/
住まい	2人暮らし、福岡在住、30代、夫婦でお店経営 2LDK、59㎡、賃貸
持つ基準	夫婦2人の暮らしに必要かどうかが第一です。その上でコンパクトなものなのか、暮らしていく中で日々を楽しめるかどうか、毎日の家事などがラクになるかなどが基準
持たない基準	持つ基準に当てはまらないもの
捨てる基準	今使っているかどうか、持っているほかのもので代用できないか、捨てることで空間にゆとりができ気持ちがゆっくりできるかどうか （※現在は引っ越しをして別の家に住んでいます）

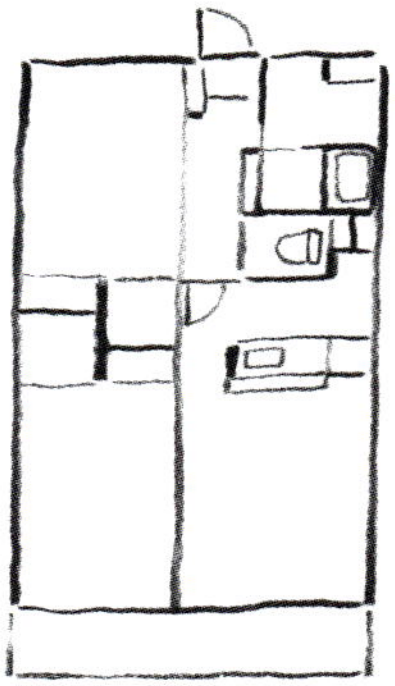

MINIMALISTS

暮らしを楽しくしてくれるものだけ残す

ものを減らそうと思ったきっかけは、『フランス人は10着しか服を持たない』（ジェニファー・L・スコット著、神崎朗子訳、大和書房）を読んだこと。まずは自分の持っている服を見直し、気に入っているものだけを残し、着ていないものは思いきって手放しました。

その後、『ぼくたちに、もうモノは必要ない。』（佐々木典士、ワニブックス）を読んで一気に加速しました。本当に必要なのか、暮らしを楽しくさせてくれるのか、ものと真剣に向き合うように。

2人暮らしなので、ものを減らしたり買うときは、自分の意見を押し通さず、妻と話し合って決めています。

出かける前には部屋を片づけて、掃除をしてから外出するようにしています。帰ってきたとき部屋が整っていると気持ちがいいし、ほっとします。ちょとの手間が、日々を快適にしてくれると感じます。

MINIMALISTS

テレビを処分したら夫婦の会話が増えました

わが家のリビングには、テレビがありません。処分して、プロジェクターに変えました。

その結果、今までテレビを観ていた時間をほかのことにあてられるようになりました。以前より、本を読む時間が増えたり、夫婦の会話も増えたように思います。

ほかに処分したものといえば、ソファ前に置いていたコーヒーテーブル。２つあったテーブルをダイニングテーブルだけにしたら、空間が開けてスッキリしました。

使うかも、あると便利かも…と思ってしまうことはしばしばあるのですが、この「〜かも」をできるだけ減らせたら、部屋も気持ちもスッキリすると思います。

テレビの処分に伴って、テレビ台をやめ、コンパクトなワゴンに変えました。キャスター付きで移動しやすく掃除もラク。

わが家のベッドは、枕もシーツもすべて無印良品。時々マットレスを立てかけて、湿気対策をしています。

ものはピッタリくっつけるより、間隔を空けて置く。こうすると余白ができて、空間にゆとりが生まれます。少しゆとりがあるだけで、気持ちも穏やかに。

MINIMALISTS

「何もない」より「心地いい」が大切

ものと向き合うようになって、かなりのものを断捨離してきたと思います。服やテレビをはじめ、収納に使っていたラックや箱、大きなラグマット、インテリアとして飾っていた小物など…。

手放す基準としては、夫婦２人の暮らしに必要かどうかが第一。それがなくても日々を楽しく暮らせそうだと思えたら、潔く手放しています。

ただ、僕はミニマリスト思考は持ちながらも、本当に何もない部屋が心地いいかというと、そうでもありません。

自分たちが「心地いい」と言える暮らし、空間であれば、それが一番なのかなと思っています。

手間がかかっているものは、おいしかったり、見て楽しめたり、着ていてうれしくなったりします。わが家ではコーヒーに、ひと手間を。毎日ではないですが、挽きたての豆をゆっくりドリップしていただきます。

手作りの焼きりんご。くり抜いたりんごの中には、クリームチーズと砂糖と卵とバターが入っています。家カフェで、まったりする時間を大切に。

定番の朝メニュー。ドリップコーヒーとシュガーバター焼き。

コーヒー好き夫婦の2人時間

僕たち夫婦は、同じ職場で仕事をしています。仕事もプライベートも常に一緒なので、家で過ごす時間や休日は特に、2人の時間を大切にしたいと思っています。

お互いにおいしい食べ物やコーヒーが好きなので、休日にコーヒースタンドを巡ったり、夜どこかのカフェに出かけたりして、時間を過ごしています。

暮らしの中で使うお金も、2人で出かけることに一番高くかかっているかもしれません。コーヒーを飲みながら2人で話をしている時間が幸せです。

家にいるときは、家の掃除や、持ちものの見直しにも時間を使っています。

クローゼットの見直しは定期的に

クローゼットの中身は、定期的に繰り返し見直すようにしています。

見直すたびに、「やっぱり使わなかった…」というものが出てくるから不思議です。

照明を変えるだけで変わる暮らし

部屋の照明を変えました。夜の光が穏やかになったので、気持ちも落ち着きます。

ときには電気を変えてみるのも、暮らしを心地よくする工夫の1つです。

生花や植物を部屋に飾って楽しむ

部屋に花があるとが気持ちいいなぁと思えるようになってきました。
生花を買って、自分で生けてみることにも挑戦。
次は、鉢植えにもチャレンジしたいです。

食器棚にも余白を作って

賃貸につくりつけの食器棚。ここにコーヒー道具と食器が全部入っています。
食器数も多くは持たず、取り出しやすいように、間隔を空けて収納。

むすび
@0omusubi2

理想は、床にものがない スッキリとした部屋

1歳になる娘と家にいる時間が長いので、
ものを床に置かないように、
安全を第一に考えた部屋作りを目指しています。

PERSONAL DATA

Instagram https://www.instagram.com/0omusubi2/

住まい 3人暮らし（夫、妻、子1歳）、30代、主婦
2LDK、63㎡、築48年の賃貸

持つ／持たない／捨てる基準 収納場所の確保ができるかをまず考えて、確保できるまでは買いません。何かで代用がきくものも買いません。捨てることがとても苦手なので、友人に譲ったり、フリマアプリを利用して手放しています

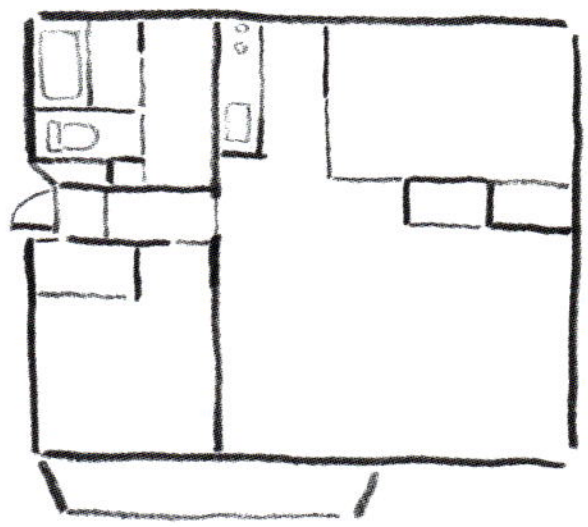

MINIMALISTS

月いち一捨のスロー断捨離

たくさんのものに溢れた家にお邪魔する機会があり、自分もいつかこうなるのでは…と危機感を覚えたことが断捨離のきっかけです。そこから少しずつ、ものと向き合い、減らしていきました。

ものを買うときは、買う前に収納場所の確保ができるかをまず考えます。そして、確保できるまでは代用品すら買いません。

ミニマリストの中には、一日一捨されている人がいますが、私には難しいので、月いち一捨のスロー断捨離を行っています。

すぐ手放せないものは、断捨離ゾーンを作って一時置きをし、少しずつものを手放しています。

愛用中の「人をダメにするクッション」。ソファがなくても十分リラックスできます。
掃除のときはフックに吊り下げておくと、とても便利。

MINIMALISTS

小さな子どもが安全に過ごせるように考えて

娘と家にばかり居るので、快適な空間になるように、床にはものを置いていません。安全な部屋作りを目指しています。

ものは収納スペースに入れて、極力外に出さないように。そうすることで視覚的にもスッキリ。

家事などが一段落した15時以降は、娘と公園に行ったり庭で土遊びをしたり、家でひたすらゴロゴロしたりと、娘とイチャイチャする至福の時間です。

賃貸ですが、家にいる時間が一番落ち着きます。

実はインスタを始めた理由も、実家へ帰省中に家が見たくてしかたなかったから。それほど家が大好きです。

子どものおもちゃは1軍と2軍に分け、1軍はリビングのテレビ周辺に、2軍は寝室に収納。定期的に1軍と2軍を入れ替え。誕生日やクリスマス以外はおもちゃを買わず、代わりに牛乳パックやお菓子の箱で手作りしています。

リビング横の洋室に置いたカラーボックスには、娘の洋服と私のバッグを収納しています。3、4年前、この場所は、私の服やバッグで溢れ、パンパンの状態でした。

MINIMALISTS

手放すことにお金をかけたくありません

定期的にものを仕分けして、整理するようにしています。以前は、大量に持っていたバッグも、断捨離した結果、今では6個に減りました。

まだ途中段階ですが、使っているもの、使っていないものをきちんと仕分けして、ゆっくり整理していこうと思っています。

手放すことにお金はかけたくない派なので、ベッド、ソファ、洗濯機、冷蔵庫などは、今まですべて粗大ゴミに出さず、人に譲ってきました。

そんな私が利用しているのは「ジモティー」。地域にもよりますが、0円に設定すれば、誰かがもらってくれるので、おすすめです。

マットレスは、使うとき以外は和室の押し入れに収納。アイテムを白でそろえると、押し入れの中もスッキリ。見えない収納に高いお金を使いたくはないので、クローゼット内に置く収納BOXは、100均で買って出費を抑えています。

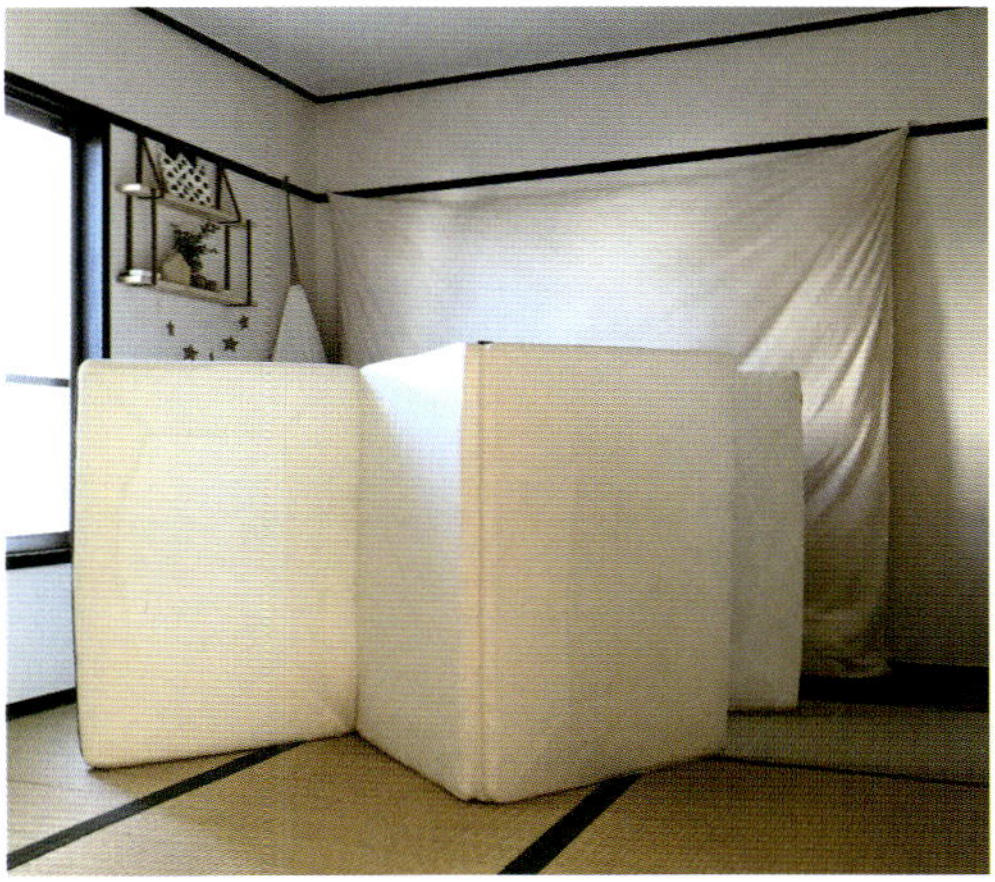

天気のよい日に窓を開けて、マットを部屋の中でN字に立てかけて干しています。N字マットを迷路みたいに倒さず通り抜ける遊びに、娘が最近はまっています。

MINIMALISTS

毛布を3枚処分して羽毛布団に

ベッドをやめ、シングルサイズのエアリーマットレスを畳に敷いて敷きパッドをつけて寝ています。夫、娘、私の3人で2枚のマットを使用。真ん中で寝ている娘がマットの間に落ちないように、滑り止めシートを敷いてズレを防いでいます。

夏以外は羽毛布団を使っています。肌触りのよいガーゼのカバーをかけたかったので、無地のホワイトにこだわって選びました。

使用していないときは、壁掛け収納に。ビスとフックで壁のピクチャーレールに吊るしています。

晴れた日に布団を干すと、ふっかふか。この羽毛布団のおかげで、毛布3枚を断捨離できました。

ジュエリーは中古で買う

ジュエリーが大好きです。以前、ジュエリーアドバイザーとして勤務していたこともありました。

一度でも使ってしまえば、もう中古。

新品で買うと高いので、私はあえて最初から中古を選んでいます。

写真左上のような金やプラチナの貴金属は、中古でも新品仕上げができます。写真下はメッキのもの。

鍋とフライパンは全部で6個

調理道具は少し多いかもしれませんが、全部使っているので、私にとってはベストな数。

フライパンは3つあり、ニトリで購入。1年に1回のペースで買い替えています。

炊飯器は使わず、ル・クルーゼでごはんを炊いています。白いホーローの片手鍋は、味噌汁を作るのに使用。ティファールの圧力鍋は、肉じゃがやおでん、豚汁を作るときに使っています。

水切りかごは持っていません

賃貸の小さなキッチンなので、水切りかごを断捨離し、ジョージジェンセンのティータオルに変えました。

キッチンが広くなり、とても快適です。洗ったらすぐに拭き上げています。

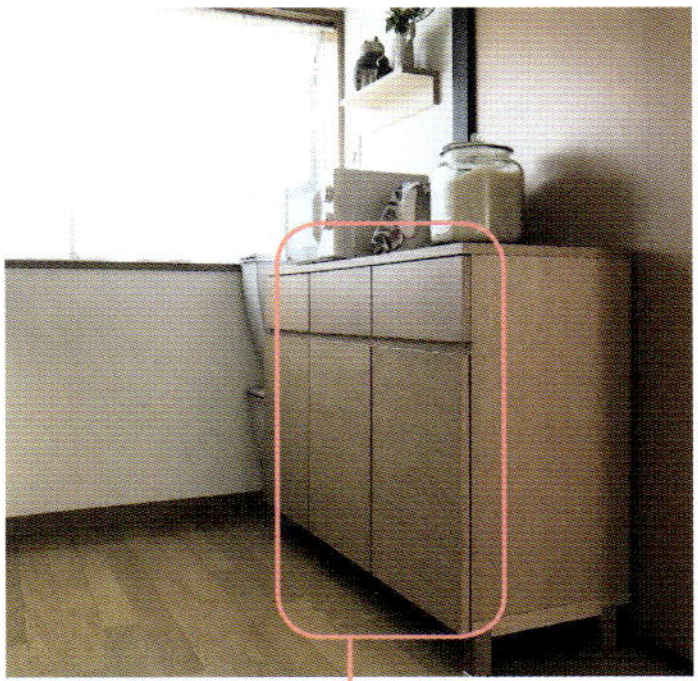

キッチンのキャビネットも中古

キッチンに置いている無印良品のキャビネットも、中古で購入しました。

上段の引き出しには、粉物やふりかけなどを。

観音開きの扉の中には、最上段に鍋。その下には、乾物、レトルト、割り箸等を引き出しに分類して収納。カテゴリーごとに分けておくと、取り出しやすいです。

食材ストックは、あまり買わないようにしています。

yk.apari
@yk.apari

「過去への執着」と「未来への不安」を手放せば、ものは捨てられる

高いお金を出して買った大きな収納家具。
「いつか使うかも」「いつか売ろう」と、とってあるもの。
わが家には、どれも不要だとわかりました。
断捨離すれば、おうちも気持ちもスッキリすると思います。

PERSONAL DATA

Instagram	https://www.instagram.com/yk.apari/
	4人暮らし（夫、妻、息子20歳、息子14歳）、福岡在住、40代、パート（週4回）
住まい	3LDK、78㎡、築24年の分譲マンション
持つ／持たない／捨てる基準	自分と家族にとって、本当に必要なもの（必ず使うもの）しか持たない！　買わない！　を徹底しています

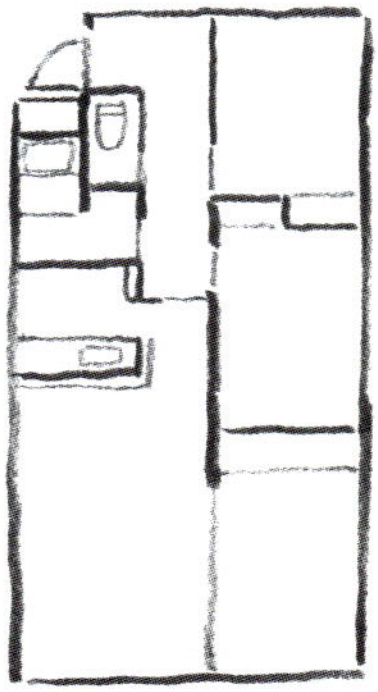

MINIMALISTS

モヤモヤしたら断捨離の合図

仕事、家事、育児が忙しく、ストレスで心身ともにキャパオーバーになったのが断捨離のきっかけです。仕事でミスをしたのがショックで…。

仕事と育児は手を抜きたくない！　と思って、優先順位から家事の断捨離を決心し、不用品をすべて手放しました。

結果、おうちも気持ちもスッキリ！　いらないものを減らせば減らすほど片づけがラクになりました。ミニマルライフ（持たない暮らし）を始めてからは、ストレスフリーです！

モヤモヤしたら断捨離（片づけ）の合図！　家中を見直して不用品を整理するようにしています。

LDに置いている家具は、テレビボード、ソファ兼ベッド、テーブル、ダイニングセットだけ。掃除機をかけるときは、ダイニングチェアをテーブルに逆さにのせて。床を出して、掃除をしやすくしています。

家族のものは確認してから処分する

自分と家族にとって、本当に必要なもの、必ず使うものしか持たない&買わないを徹底しています。以前は、買わないと後悔しそうで、迷ったら必ず買っていました。でも、断捨離を続けて「本当に必要なもの・好きなものは買うときに迷わない。迷って買ったものは全部捨てている」と学びました。

家族全員ミニマリストなので、家のものを処分することに関しては意見の食い違いはほとんどないですが、私物は必ず聞いてから処分します。勝手に捨てません。家族が穏やかに楽しく健康に暮らせるのが一番です。

人生の限られた時間をムダにせず、大切に過ごしていきたいです。

テーブル、キッチンカウンター、ソファ、床の上…。ものを置きっぱなしにしている率、高いと思います。「○○の上にものを置かない」と気をつけるだけで、おうちの中がスッキリ！

大切なのは自分で整理整頓できる数を持つこと。鍋とフライパンは、今、必ず使う最小限のものだけに限定。片づけ下手でも、管理できる量までものを減らしたら、必ず整理整頓できると思います。

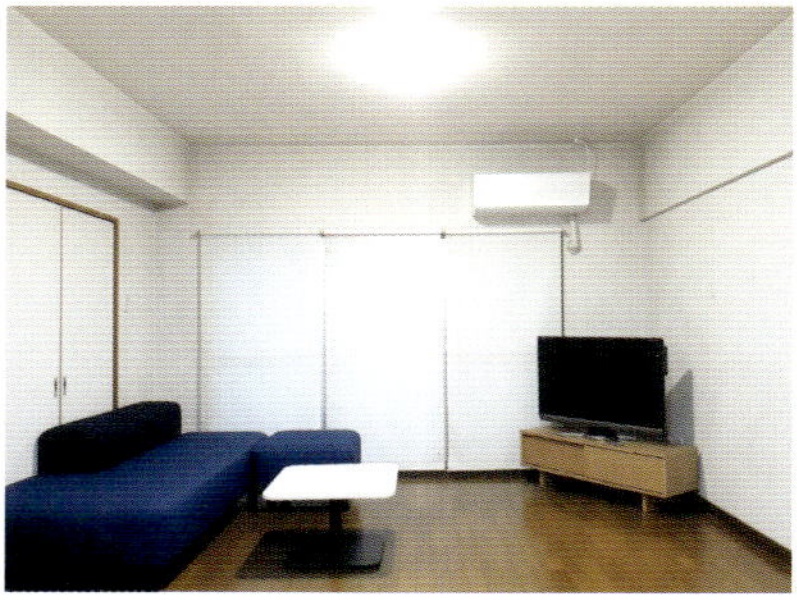

リビングの収納は、無印良品のテレビボードだけ。テレビを観ている間は、リモコンをテレビボードの上かソファの上に。観ていないときはテレビボードの中に入れている率が高いです。

MINIMALISTS

散らかる原因は「後回し」の積み重ね

最近は家族が不在の時間がほとんどないのですが、ひとりで過ごす時間は私にとって、貴重で大切な時間です。

スッキリ片づいた誰もいないリビングで、大好きなコーヒーを飲みながらまったり過ごすのが至福のとき。部屋がスッキリ片づいていると、気持ちがいいです。

でも、散らからない家なんてありません。後で片づけるからとか、また使うから…といった理由で、ものを定位置に戻さないと、ずっと片づきません。「使ったら定位置に戻す」ことが大事です。

わが家も毎日散らかっていますが、「後でやる」をなるべくやめて「今やる」ようにしています。

ものを減らしたら、収納家具が必要なくなったので手放しました。その代わり、押し入れの収納ケースを購入。同じケースでそろえたら見た目もスッキリ。ケースの数はこれ以上、増やさない予定です。

先日、いらない靴を2足捨てました。以前の私なら、時間ができたら出品しよう…と、売ることを考えました。でも、時間ができたらって、いつ?「いつか」は永久にきません。だから捨てました。

わが家の書類すべてを市場かごに入れて収納しています。紙物はここに入る分だけに。ものを減らせば、収納家具はいりません。

ほとんどのものは、なくても なんとかなる

「よい家具は一生使えます」「長く使えば元はとれます」店員さんに言われて納得し買った高級家具。

でも、人の気持ちは変わるもの。結局、ほとんどの家具を捨てました。わが家に「一生もの」は不要でした。

「過去への執着」と「未来への不安」を手放せば、おうちも気持ちもスッキリすると思います。

でも、なかなかそれができないことが多い…。私もそうでした。

とはいえ、ほとんどのものは、なくてもなんとかなります。

今までたくさんの「いつか使うかも」を断捨離してきましたが、捨てて後悔したものはほとんどありません。

捨てて後悔しそうなものは捨てない

部屋着と寝間着を兼用しています。外出着を部屋着に降格すること、私は〝あり〟です。着心地重視で服を選んでいるので、部屋着にもちょうどよいのです。

何でも潔く捨てるほうですが、捨てるときにはものと向き合い、いったん気持ちを整理します。捨てたくないものを無理に捨てる必要はありません。

お気に入りのものは気が済むまで使ったらいいと思います。

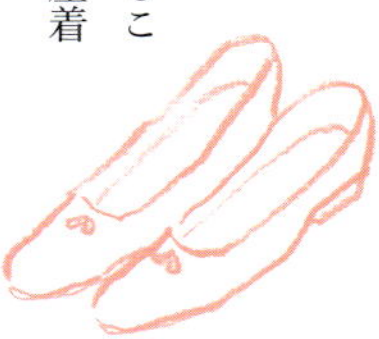

来客用は持たない

わが家の全カトラリー。お客様専用品はありません。以前は、今の5倍くらいありましたが、今はお客様用を普段使いしています。

「分ける」って大事です。片づけ、断捨離、整理整頓は、「仕分けで成り立つ」と言っても過言ではないくらい。

使うor使わない、要るor要らない、好きor嫌い、捨てるor捨てない…。出す（見る）、分ける（見極める）。

これを続けると、仕分け作業がスムーズに進みます。

玄関は家の顔

玄関を見れば、だいたいの家の中がわかるといわれます。必ず毎日使う場所だからこそ、物置スペースにしないで、片づけて掃除をして、玄関で使うものだけを置くようにしています。

シューズラックはYamazakiのもの。

壁飾りも必要最小限

ポスター、写真、雑貨類…壁に飾っている方、多いと思います。

私もたくさん飾っていた時期がありますが、すべての飾りを捨てました。今は、玄関に場所を限定して飾っています。

無印良品の「壁に付けられる家具」を設置して、印鑑や必要なものを置いています。

手持ちの本は2冊だけ

夫0冊。長男10冊ほど。次男0冊。私2冊。本は買わなくなりました。

見たい本は図書館で借ります。

掲載していただいた雑誌や本は、自分の所だけカットして残しています。

書類に限らず、すべてのものを必要最低限で持てば、収納術すら必要がなくなるのに…と思います。

kozue
@kozue._.pic

いつでも引っ越しできる家、を目指して

安いからと衝動的に買うのではなく、
じっくり考えて、
よく使うもの、長く使えそうなものだけを持つようにしています。

PERSONAL DATA

Instagram	https://www.instagram.com/kozue._.pic/
住まい	3人暮らし（夫、妻、子0歳）、千葉在住、主婦 3LDK、社宅
持つ基準	デザインや使い勝手などにこだわり、本当に気に入ったもの、長く使えるようなものを選ぶようにしています
持たない基準	部屋がもので支配されないよう、できるだけ大きな家具は持たないようにしています
捨てる基準	1年間に使ったか使わなかったかが大きなポイントです。衣類などは必ず季節の変わり目に見直し、「買ったら捨てる」を心がけています

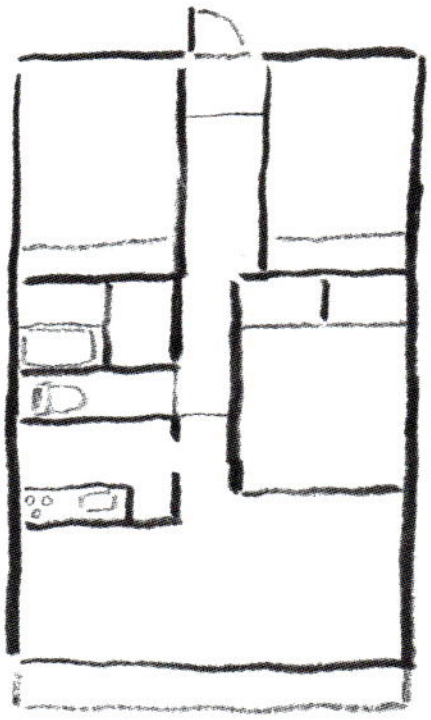

MINIMALISTS

ものが少ないと引っ越しも掃除も管理もラク

結婚して転勤族となり4年目になりますが、今までに2度の引っ越しを経験。そのタイミングで整理整頓、断捨離を始めました。

ものが少ないと、引っ越しも掃除も、ものの管理も、とにかくラクなことを実感し、持ちすぎない暮らしを目指すようになりました。

欲しいものすべてを手に入れるのではなく、「絶対に必要な生活品と少しの贅沢品」を常に意識して物量を考え、購入しています。

たとえば作家さんの器や、バッグ、洋服など、生活していくうえで絶対に必要ではないけれど、持っていると楽しかったり幸せな気持ちになるものは「贅沢品」として考えています。

IDÉEのAO SOFA。絵になるソファを部屋のポイントに。床の上に出ているものが少ないと、掃除も短時間で終わります。

MINIMALISTS

大きな家具は持たない

部屋がもので支配されないよう、できるだけ大きな家具は持たないようにしています。

たとえば、ダイニングテーブルを持たず、食事はリビングのテーブルで済ませています。

リビングに置いている家具は、ソファ、テーブル、テレビ台、スツールのみ。

あえてラグは敷かず、床を広く見せることで、ソファとテーブルが主役になるようにしています。

スツールは、座るだけでなく、花瓶を置くなどして使っています。

多用途使いができそうな家具を選ぶと、使い回しができて便利です。

自立しない布バッグなどは、ソフトボックスに立てて収納。口の向きを変えると取り出しやすく便利です。

和室でゴロゴロするのが好き。近い将来、ここを子どもスペースにしようかなと考え中です。

メイク道具を引き出し収納に変えました。鏡を立ててドレッサーのように使っています。

床の間につっぱり棒を設置。帽子など絵になるものを吊るして、見せる収納に。

MINIMALISTS

無印良品のコの字家具やボックスが大活躍

無印良品が好きで、よく購入しています。特に買ってよかったと思うものは、コの字家具。

わが家では、和室でテレビ台やPCデスク代わりにしています。下にファイルボックスを引き出し代わりに入れ、ハードディスクやコード隠しとして使っています。ソフトボックスやPPボックスも大活躍。靴や帽子、衣類、食品などの収納に使っています。

衣類の大半は、引っ越す際そのまま持ち運べるように、衣類ケースに収納。たたんだ服を立てて収納し、取り出しやすくしています。

押し入れ下段の引き出しには薬やメイク道具を収納。引き出しのまま持ち運べるので移動がラク。

お米はアンカーホッキングジャーに入れています。ガラス容器なので、ひと目で残りがわかります。

oisixのミールキット。「さばのみぞれ煮 ひじき添え」「2種の青菜と半熟たまごの塩炒め」。さばはレンチン、副菜は用意されたものを切って炒めるだけ。

カトラリー。無印良品とセリアのケースを使って。種類ごとに分類して使いやすく。

シンク上の吊り戸棚には食器や保存容器を収納。たくさん詰め込まず、ゆとりを持って。

MINIMALISTS

1日を充実させる朝3時間の使い方

朝7時から10時までの3時間は、ゴールデンタイム。

洗濯、掃除、できる日は常備菜を作ったりしています。

ここをうまく過ごせたら、残りの1日の充実度が全然違います。

oisixのミールキットを使えば、たった20分で栄養満点の和食が完成。味もおいしいです。

トースターも手放して、今あるのはレンジと炊飯器だけです。

食器棚を置かず、よく使う食器はシェルフに。その他の食器はシンク上の棚に収納しています。食器は白でそろえています。

無理せず頑張りすぎず、家事をラクに、楽しくしたいと考えています。

新しい家族を迎える準備

cofucu のカバーオールに、結び目でサイズ調節できるという可愛い帽子。ミナペルホネンのスタイに手編みのシューズ。

着せる日が待ち遠しい！ と、予定日まで指折り数えながら、揃ってきたものを並べて妄想していましたが、ついに出産をし、3人暮らしが始まりました。

防災グッズはしっかり持つ

豪雨や台風、地震など、大災害の現実をテレビで目にするたびに自然の恐ろしさを痛感し、今できる備えを見直しました。

「12年保存水」「保存食」「背負える非常用飲料水袋」「簡易トイレ」「タオル、靴下」「マスク、眼鏡、常備薬、エチケット用品」「ガムテープ、油性マジック、はさみ」。

備えたものを使わないことを祈るばかり。明日がよい日でありますように。

おいしいと話題の保存食「IZAMESHI」

水を使わず食べられる「スピードセット」と、シンプルな和食の「ヘルシーセット」。大人1日分3食が入った保存食セットを2つ備えました。

お湯や水がない状況でも、封を開けてそのまま食べられる手軽さは、便利です。

飾りは小さく

一輪挿しなどの小さな飾りは移動もラク。部屋のアクセントにして楽しんでいます。

このランタンは、オイルランプのようなLEDライトで、温かみのある落ち着いた光が特徴。

間接照明のように部屋中を優しく照らしてくれるので、疲れた体を癒してくれます。

余白のある収納が目標です

洗面所が狭いので、お風呂あがりに使うものは寝室に備えつけの、この棚にすべて収納。

入浴時は、タオル、肌着、パジャマなどの必要なものを布ボックスに入れて持ち出す、銭湯スタイルをとっています。

ぎゅうぎゅうに詰め込まず、ものとものの間に少しゆとりをもたせて収納することで、取り出しやすくしています。

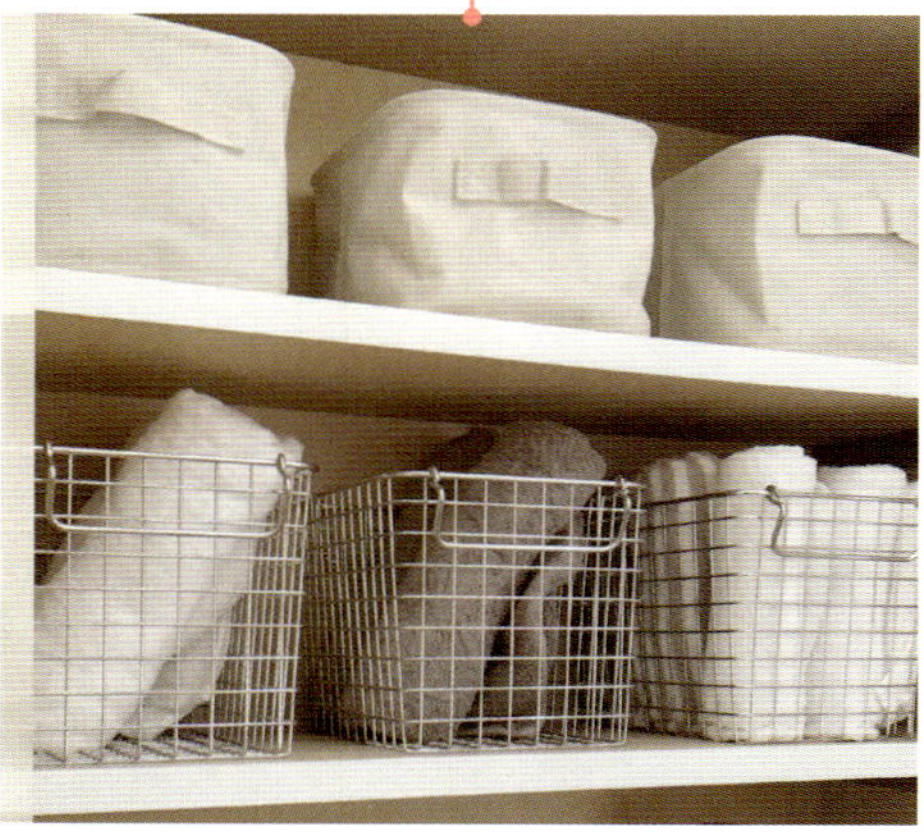

2章
大きな家具がない
スッキリとしたリビング

リビングは1日のうちで一番長く居るところ。
だからこそ、スッキリと整えて、広々と居心地よく空間を使いたいものです。
「スッキリしたリビング」とひと言でいっても、「スッキリ」の作り方は無限大です。
さっそく、どのように工夫されているのか見てみましょう。

好きな黒を基調にリビングの色味を統一。床に何もない状態を目指しています

PERSONAL DATA

兼子 寿弘
@minimalist._.ph

Instagram	https://www.instagram.com/minimalist._.ph/ ひとり暮らし、静岡在住、32歳、会社員
住まい	1DK、26.2㎡、賃貸
持つ基準	自分の暮らしに必要で使用頻度が高い、かつ、好きなデザインであること
持たない基準	自分の暮らしに必要ない。または必要だけど使用頻度が低いもの
捨てる基準	劣化した。あまり使っていない。所有していることに違和感を感じるもの

LIVING ROOM

仕事を辞めると同時にミニマリストを目指すように

今の家に住んで6年近くなりますが、当初はごく普通のひとり暮らし独身男性の部屋でした。

そんな自分がミニマリストを目指し始めたのは2015年秋頃、5年間勤めた正社員の仕事を辞めて。悩んだ末の決断でしたが、大きな荷物を降ろしたような、晴れやかな気持ちに。それと同時に「もっと身軽に生きたい」という思いが芽生えました。

『ぼくたちに、もうモノは必要ない。』（ワニブックス）の佐々木典士さんからも影響を受けて。

少ないもので丁寧に暮らすことで自分を変えたい…。そんな日々を積み重ね、少しずつ自分にOKが出せるようになってきました。

以前は、デスク前にワークチェアを置いていたのですが、立ったままできるデスク作業ばかりだったので手放しました。

毎日洗濯をします。たたむ作業が好きです。

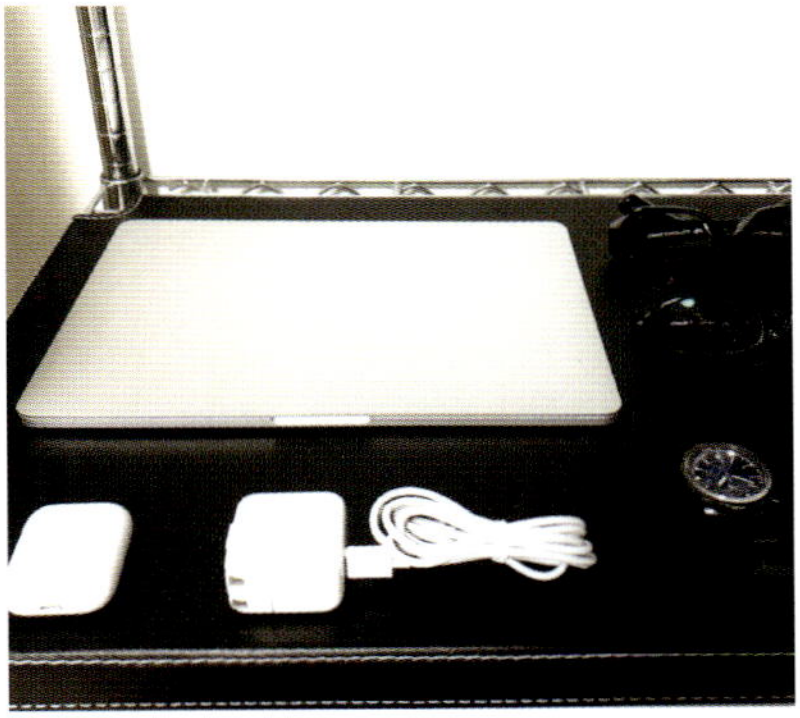

僕の中での「ミニマル」は美術館のような部屋。間隔を開けて並べると、まるで美術品のよう。これも、ものを少なくしているからできることです。

リビングにあるのは、デスクと鏡、ワードローブだけ

寝室兼務のリビング。かつてはここにテレビ、ベッド、冬にはこたつもありました。

床に何もない状態を目指し、今の自分の生活に不必要なものを、どんどん手放して。

現在はデスクと鏡、ワードローブだけ。ワードローブのカバーもうっとうしくて外しました。

デスクには元々ワークチェアがありましたが、今は手放し、完全スタンディングデスク化。座りたいときは、ワードローブ右横にしまってある、折りたたみパイプ椅子を使います。

好きな黒を基調に、それを引きたたせる白で、部屋の色味を統一。カーテンも黒に替えました。

ベッドを手放して、アイリスオーヤマのエアリーマットレスMAR-Sと、ニトリのかるふわ羽毛掛ふとんシングルで眠っています。就寝直前〜翌日夕方までをレースカーテンのみで過ごしています。

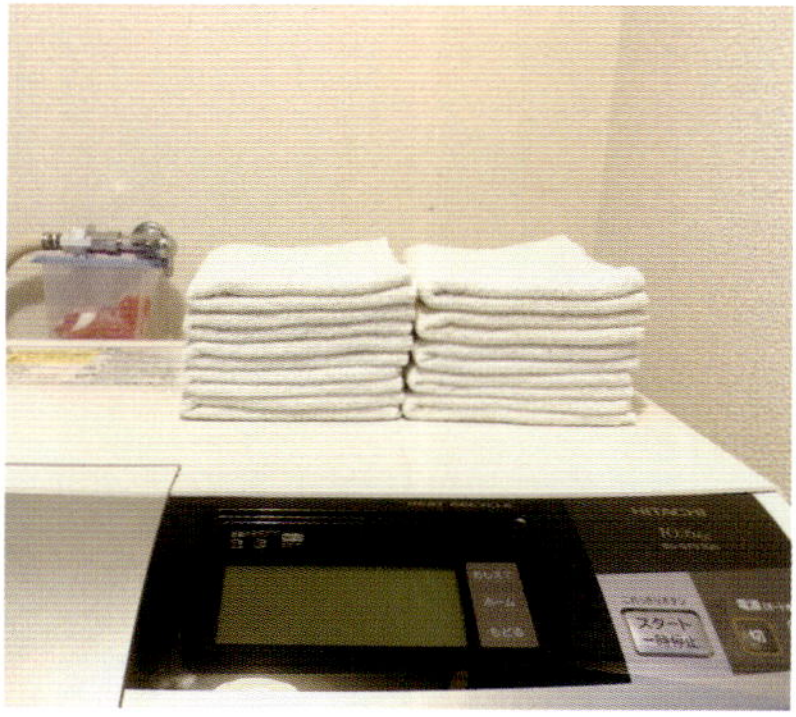

バスタオルはありません。洗うときも干すときも、場所をとるので手放しました。髪と体を拭くフェイスタオルで十分。今は清潔感のある“白”で10枚だけに固定しています。

黒の遮光カーテンは、西日が眩しくなる夕方になったら閉めています。就寝直前になったら黒のカーテンを開け、レースカーテンのみにして部屋の明かりを暗くします。「屋外が暗い×部屋も暗い×レースカーテン」なら、夜の屋外から部屋の中が見える心配はありません。

LIVING ROOM

テレビも掃除機も手放しました

ミニマリストになってから、部屋の空間に必要ないものが存在することに、「違和感」を感じるようになりました。

必要なものだけを部屋に置いて、禅寺の庭のような、ムダのない、「余白」のある空間を作りたい。

テレビを手放して3年近くたちますが、不便を感じたことはほとんどありません。

掃除機も手放しました。床を雑巾で水拭きすれば、必要ないなと感じるようになったからです。

床に何も置いていないので雑巾がけもあっという間に終わります。

今、物欲はゼロです。ものに煩わされないって、本当に心地いいです。

コンビニで買ったお総菜を、お皿に載せただけの食事でも充実感があります。

食器洗いが好きです。使用前後は、いつもこの状態を目指しています。

眠る前の読書。個人的には翻訳本は読むのが難しいので早く眠れます（笑）。ソネングラスが、かなりいい仕事をしてくれます。

玄関の余白のために、1足のスニーカーを酷使。近場用のクロックスと、雨天用の長靴も。

LIVING ROOM

自炊を増やして食費も削っていきたい

ずっと太っていることにコンプレックスがあります。必要以上にたくさん食べてしまう自分のダメさを変えたいと思ったのも、ミニマリストを目指した理由。

しっかりと自分をコントロールできる人になりたいのです。

自炊はなかなか難しい。でも、できる限り健康的な総菜を買い、お皿にきれいに並べて。「ちゃんとした夕食」を諦めないように小さく努力しています。

鍋スープで野菜や肉を煮るだけのズボラ飯を時々作ります。

少しずつ自炊の割合を増やして、食費を下げていけたらなぁと思っています。

片づけ好きと片づけ下手の2人が、ストレスなく暮らせるリビング

PERSONAL DATA

saori
@saori.612

Instagram	https://www.instagram.com/saori.612/
	2人暮らし、埼玉在住、20代、会社員
住まい	2DK、38㎡、築30年の賃貸
持つ基準	ないと困るもの
持たない基準	ほかのもので代用できるもの
捨てる基準	一年間使わなかったもの。次回半年以内に使用する予定がないもの
	(※現在は引っ越しをして別の家に住んでいます)

パートナーは片づけが苦手でした

「必要最低限のものだけ持って、スッキリ暮らしたい」とミニマリストを目指すようになったのは、2人暮らしを始めたことが大きなきっかけです。

幼い頃から片づけが好きで、「出したものは元に戻す」という習慣があった私にとっては当たり前のことでも、パートナーは片づけが苦手で、出しっ放しが当たり前。そんな状況を変えたくて、まずはものを減らしてみました。

無理矢理ものを減らすのではなく、共有できるか、本当に必要かどうかを一緒に考えていきました。ものを減らしていくことで、お互いがストレスなく、スッキリ暮らせるようになりました。

元々飾りものは大好きですが、置く場所も収納場所も広く取れないため、小さめサイズで楽しんでいます。

無印良品の整理トレーに細々としたものを収納。収納は「一目瞭然」をテーマにしています。

最近来客用にアルテックの座布団を購入。色味が少ないわが家のよいアクセントになっています。

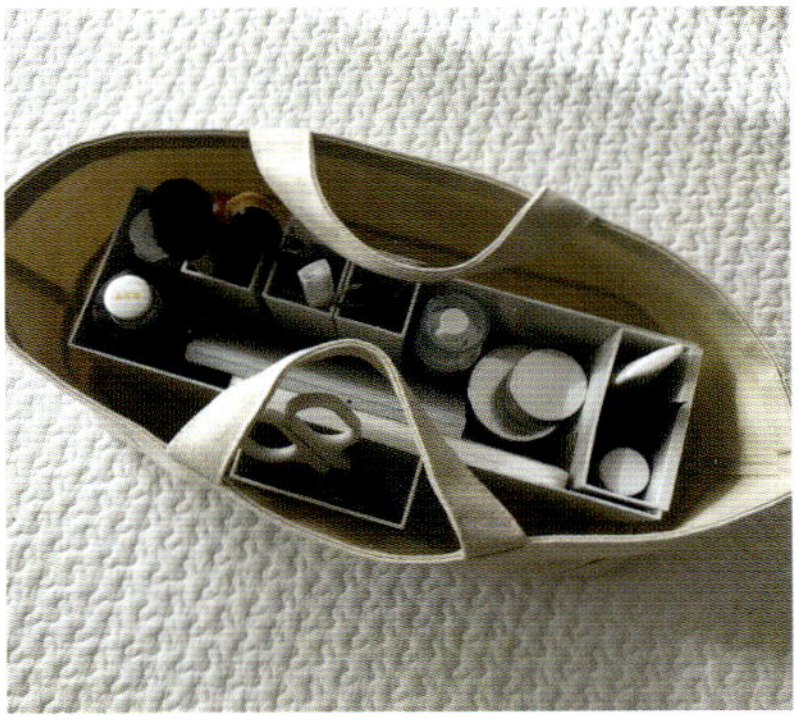
独立洗面所がないため、メイク道具は持ち運びできるよう、手提げつきバッグに入れています。

LIVING ROOM

細々したものは一箇所にまとめて探しやすく

リビングは圧迫感をなくすために、床には何も置かないようにしています。ソファ代わりにアルテックのクッションを。

大きな家具が少ないわが家ですが、無印良品のスタッキングシェルフは4年も愛用中。細かいものをここにまとめることで、探す手間を省いています。

スタッキングシェルフの引き出しに無印良品の整理トレーを入れて。すべて引き出しにまとめることで、一目瞭然の収納に。

メイク道具は、無印良品のファイルボックスをバッグに入れて。余分なものを増やさないために、化粧品はここに入る分だけ持つようにしています。

Can Doのシューズケースは外から中が見えるので、出し入れしやすくお気に入り。

マットレスは普段、押し入れには入れず、立てかけて。布団の上げ下げがないだけで、忙しい朝にも余裕ができました。

スコープのハウスタオルは柔軟剤を使わなくても肌触りがいいままでお気に入りです。

掛ける収納は洗濯物をたたまなくていいだけでなく、どこに何があるかもひと目でわかるので、似たような服を買い足してしまうこともなくなりました。

LIVING ROOM

代用できるものを積極的に活用

ベッドは置くスペースがないので持っていません。代わりにアイリスオーヤマのエアリーマットレスを2枚重ねで使用。布団やベッドと比べても寝心地抜群です。

元々クローゼットはありませんが、押し入れにパイプハンガーを入れてクローゼット風に。掛ける収納で服もきれいに収納できます。

備えつけの棚に2人分の靴を収納。多くの靴を持たないようにしているので、靴箱がなくても不便さは感じません。

バスタオルは持たずに、フェイスタオルで代用しています。フックの穴とループがついているので、吊り下げられるところがお気に入りです。

コンロ下やシンク下では、コの字スタンドと仕切りスタンドを並べて仕切りに。

通勤バッグの中身はハンカチやティッシュ、折りたたみ傘、鍵など必要最低限です。

よく使うエプロンや鍋敷き、スケールなどは、1つずつフックに掛けて冷蔵庫の側面に収納。

手作りこたつを使うようになってからは、以前より安い電気代で、寒い冬を乗り切ることができています。

LIVING ROOM

どうすれば使いやすくなるかを考えて

私自身の持ちものを極力最小限に。メッシュポーチは中が見えるので失くしもの防止にもなります。

テーブルにラグをかぶせて、カーペットで温める手作りこたつ。布団乾燥機を使うと、さらに温まります。

コンロ下にはフライパンと鍋類を収納。取り出しやすさ、しまいやすさ重視の収納を心がけています。

お米を収納したいという理由で、大きな冷蔵庫を購入。野菜室には米びつを入れています。

冷蔵庫の横はマグネットがつくため、意外と便利な収納場所。外に出ていると、使いたいときにすぐ手に取れて便利です。

あらゆるものを白で統一し、空間をスッキリ見せる

PERSONAL DATA

maru*
@____mr.m____

Instagram	https://www.instagram.com/____mr.m____/
	4人暮らし（夫、妻、息子・小5、娘・小2）、東京在住、30代、福祉関係
住まい	3LDK、96㎡、分譲マンション
持つ基準	収納場所を定め、そこに入る量のみ購入するよう心がけています
持たない基準	便利アイテムは基本購入しないようにしています
捨てる基準	季節のもの以外は、約1カ月触れなければ手放すようにしています

LIVING ROOM

白は一番、空間を邪魔しない色

結婚前、実家暮らしのときはあまりの汚部屋っぷりに扉から部屋に入れず、ベランダから入るほどでした…。

長男を出産し、成長にともなって、汚部屋がいかに危険かを思い知り、ものを整理し始めました。

私にとってのミニマリスト生活は、「苦手な家事をラクにしてくれるもの」であり、「大切なものを大切にしまっておけるためのもの」です。

部屋の基本の色は、白。白が一番、空間を邪魔せず、スッキリ見せてくれると思うので。あらゆるものを白で統一し、ソファは白に近いグレー。テレビボード・ダイニングテーブル・椅子も白です。

リビング収納は、収納容器を統一してスッキリと。上段のファイルボックスには本を入れています。

ニトリのソファベッド。ソファの背もたれクッションを外してシーツをかけたら、ベッドの完成。

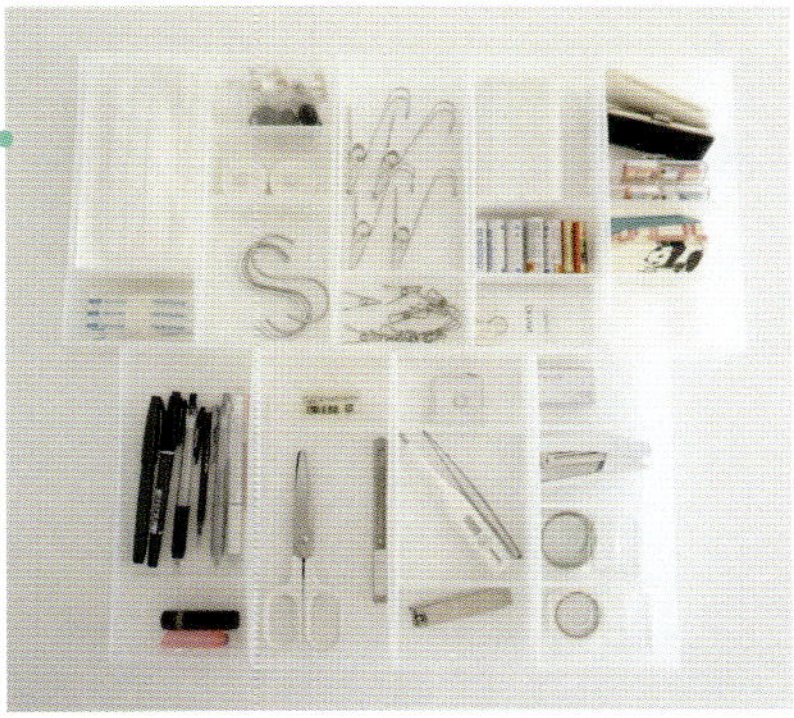

リビング収納。引き出しは小分けにして、取り出しやすく。

ローテーブルを置かず、ダイニングテーブルだけで過ごしています。

ソファベッドで寝落ちする幸せ

リビングにはものをできる限り置かないようにしています。テレビとソファのみ。

床もラグを敷かず、広く見せて。ソファはけっこう大きく、場所をとっているのですが、実はこれはソファベッド。

わが家には夫婦の寝室はなく、ここで寝ています。

ニトリのソファベッドは、大人2人が余裕で眠れる広さ。ゴロゴロするのにも最適です。

リビングで寝ると、テレビを見ながら幸せな寝落ち（笑）ができたり。

夏冬は隣の子ども部屋とエアコン1台でカバーできるので、エコにもなります。

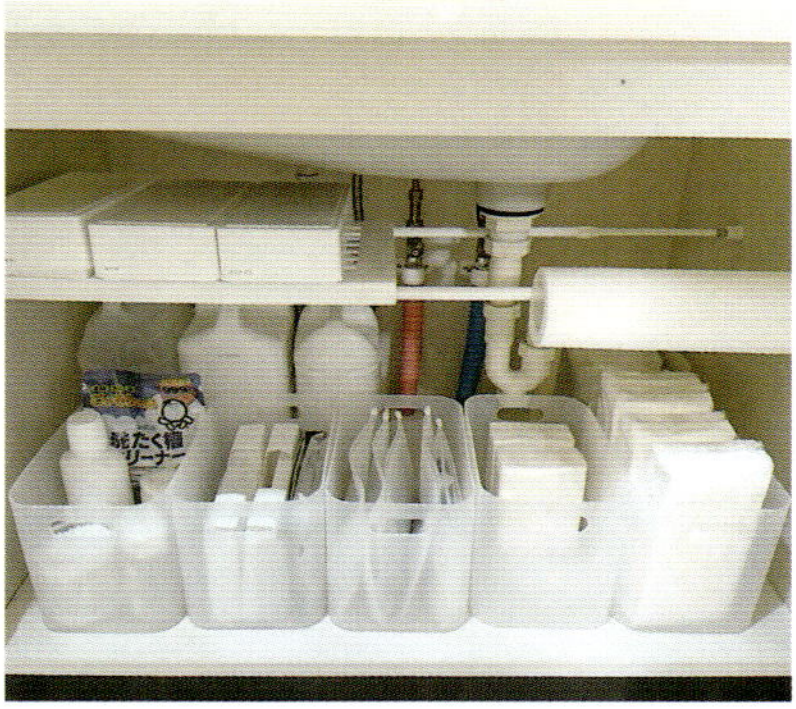

空間を有効活用して、つっぱり棚を設置。棚の上にはネイル用品、ヘアカット用品、コンタクト用品をケースにまとめて置いています。

吊り戸棚では、平皿を横ではなく縦に並べて、収納量を増やしています。

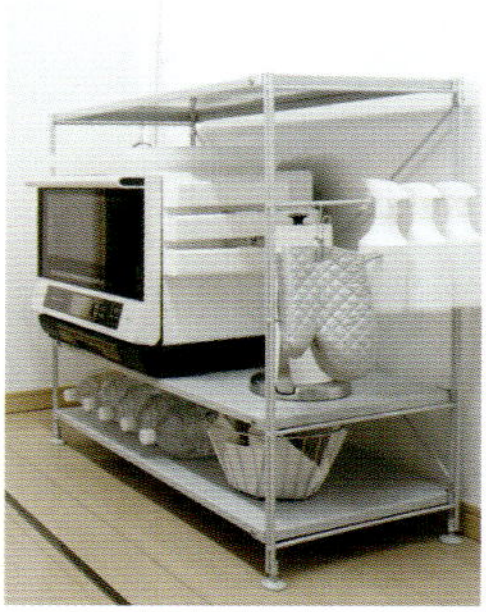

レンジ横に、サランラップ、アルミホイルを収納。それぞれマグネットつきの無印良品のケースに入れて。

冷蔵庫横にタオル掛けやフックをとりつけて、ゴミ袋を収納。

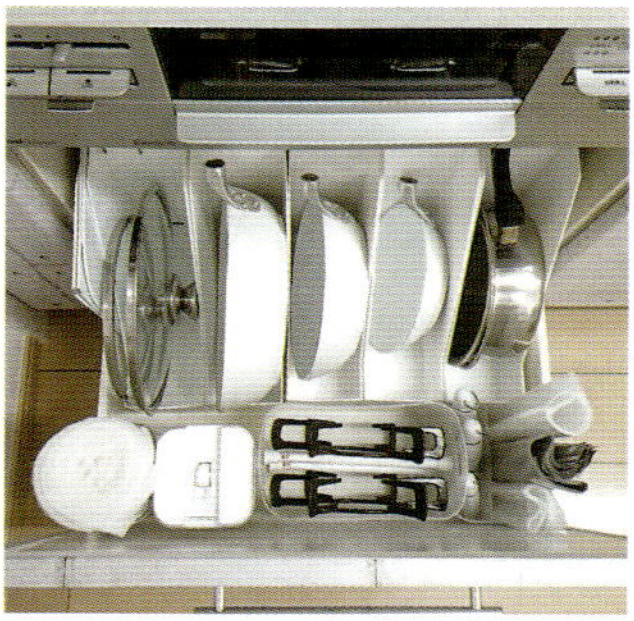

コンロ下。フライパンも白で統一。白いフライパンは都度しっかり洗浄。中のこびりつきには重曹を沸騰させ、底の焦げつきも重曹で拭き取るときれいになります。

収納家具は追加せず備えつけの棚に収める

食器棚など、収納家具を別に置くことはせず、できる限り備えつけの収納の中に収めるようにしています。

吊り戸棚や引き出しにそのままものを入れると、取り出しにくく、ものの量も把握できないため、ケースで細かく区切り、ものの住所を作るようにしています。

ケースも白か透明で統一。キッチンでは、平皿、小鉢、グラス、コップ別に、収納ケースを。ケースを引っ張れば、奥のものもラクに取り出せます。

コンロ下にはファイルボックスを並べ、フライパンや鍋を1つずつ立てて収納しています。

子どもたちの身長に合わせて高さを調節して、洋服を取り出しやすくしています。洋服ラックのケースには下着とパジャマ上下の一式をセットしています。お風呂あがりや前に、このセットを持ってくればいいだけにしています。

学校の持ちものを収納するラックも白で統一しました。ほかがシンプルなので、息子のブルー、娘のピンクが、子ども部屋らしいアクセントに。

靴は1足ずつセリアケースに入れて。場所が定まっていることで、子どもがしまっても、ゴチャゴチャしなくなりました。

寝る前に玄関の掃き掃除をするので、玄関に靴を出しっ放しにはしていません。週に1回、金夜か土夜に水拭きしています。

LIVING ROOM

掃除のことを考えて、ものは床に直置きしない

子どもは男女ひとりずつです。今は2人同じ部屋ですが、将来的には別部屋が予想されるので、子どもの持ちものは、ひとりずつ別々に収納しています。

学校の持ちものは、ＩＫＥＡのラックにひとり1台使って。

洋服もひとりずつラック1台に吊るす収納。

いずれも、掃除がしやすいように、床上が空いたラックを選びました。

靴は1足ずつセリアのケースに入れ、収納しています。靴から尋常ではないほどの砂が出るので、落ちるのを防ぐため。

靴を直置きしないと、棚も汚れません。

ものが少ないと、多色使いしてもゴチャつかない

PERSONAL DATA

うた
@utatanenet_home

Instagram	https://www.instagram.com/utatanenet_home/
	4人暮らし（夫、妻、息子5歳、娘3歳）、兵庫在住、30代、主婦
住まい	3LDK、68.57㎡、分譲マンション
持つ基準	生活必需品+心を豊かにしてくれるもの
持たない基準	収納スペースに収まらないもの
捨てる基準	所有することでストレスに感じたり、それを人に見せたくないと思うもの

LIVING ROOM

模様替えをしながら快適さを模索中

6年前、結婚・妊娠を機に、見知らぬ地で初めて多くの時間をひとりで過ごすことになりました。どうせなら快適なお家にしたいと思ったことが、ミニマリストを志したきっかけです。

ズボラな性格でも、家をスッキリきれいに保ちたいと思うようになりました。

何より、家のこと（整理収納や家事をラクにする方法）を考えるのが好きになったので、家にずっといても楽しめるように。ちょくちょく模様替えをして、快適さを模索しています。

床には何も置かないように。子どもが毎日おもちゃを散らかしますが、片づけを習慣づけています。

キッチンカウンターのヘリンボーン壁は、壁紙を自分で貼りました。すっかり部屋のポイントに。

ソファをやめてビーズクッションにしました。ソファがあるときと同じくらいくつろげるうえに、移動や手入れがラクに。

ダンボールゴミ箱。ゴミ袋は一度に3枚重ねて設置し、毎回の設置負担を減少。ゴミ箱底にはストックを大量に。黒は燃やすゴミ、透明はプラゴミ。

インテリア雑貨の代わりに、大きな観葉植物が1つあるだけで部屋が殺風景になりません。

大きな家具を置かず 床を広く見せる

大きな家具を置かないようにしています。ダイニングにはテーブルと椅子のみ。リビングには小さめの円形ラグと、ひとりがけソファと観葉植物を置くスツールだけ。

以前は3人掛けの大きなソファがありましたが、手放しました。ソファがないと場所をとらないので、広々とくつろげて快適です。隣の和室を「くつろぎ部屋」として、テレビを置いています。リビングのラグとクッションを移動させ、ゴロゴロすることも。

KEYUCAのひとりがけソファは大のお気に入り。スツールをテーブル代わりにして空き時間にカフェタイムを満喫しています。

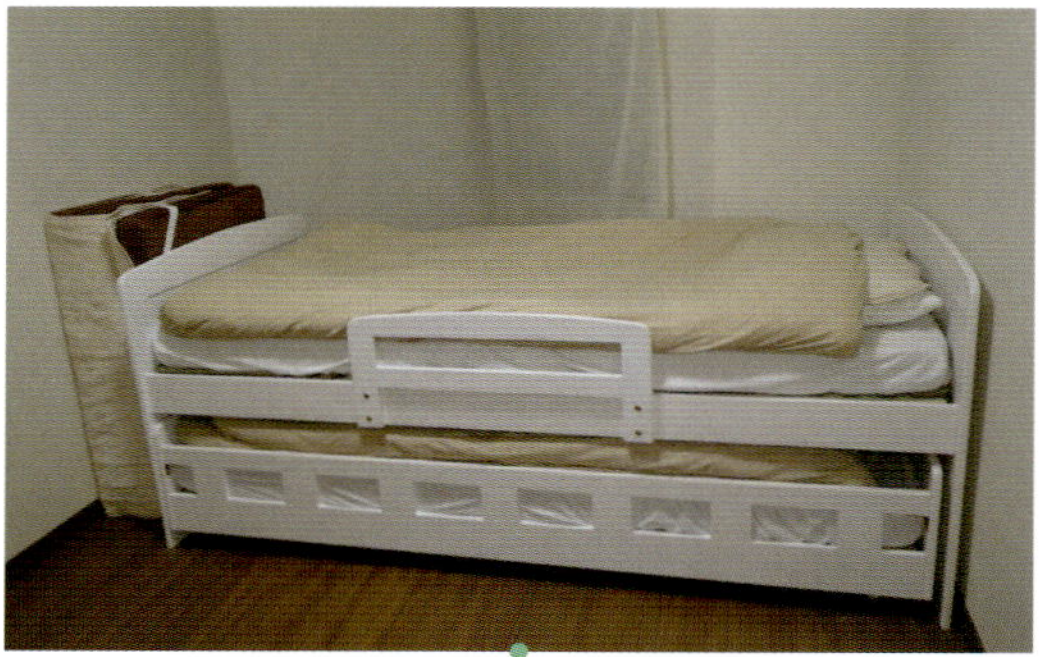

普段はシングルを3つ並べて寝ていますが、このベッドはシングルスペース1台分に収まるので、6畳の寝室でも、そこまで圧迫感を感じません。

来客用の布団が入ったローソファ。2～3カ月ごとに泊まりの来客があるので、布団自体は手離さず、来客がないときはソファとして使用しています。

LIVING ROOM

買ってよかった スライド式ベッド

これまで敷き布団を並べて寝ていましたが、子どもが成長するにつれ、窮屈に感じるように。

さらに毎日の布団の上げ下ろし作業や湿気対策に悩まされるようになり、スライド式の親子ベッドを購入しました。

分離できるので、将来的に子どもたちと寝室を分けるときも、二段ベッドと同じ使い方ができます。

普段は下に収納できるので、シングルベッド1台分の場所しかとりません。もう1つ敷き布団を敷いて、夫、息子、私＋娘と、3つに分かれて寝ています。

柵があるのがポイントです。子どもの寝相の悪さを阻止し、お互が下敷きにならずに済みます。

クローゼットに引き出し収納を置いていません。掛ける収納か、吊るす収納にしているので、ひと目見て、どこに何があるのかがわかります。

大嫌いな洗濯物たたみをしなくていいように、子ども服も掛ける収納。以前はたたむのに15分かかっていましたが、今では掛けるだけなので3分で終わります。

ベビーチェアをリメイクして身支度コーナーにしました。進学時は、つい収納用品を増やしがちですが、家のものを見直せば、買わずに済むかもしれません。

LIVING ROOM

「とりあえず」で買わないように心がけて

洋服類はハンガーに掛けて収納するようにしています。子どもの洋服も、ズボンまでハンガーに掛けています。

引き出し収納だと、出し入れが面倒ですし、探す手間が発生。着ていない服をためこみがちにも。「吊るす」収納だと一目でどこに何があるかわかるので、子どもも着替えに手間取りません。

また、ハンガーが足りなくなったら、洋服の量を見直すサイン。断捨離します。

洋服だけでなく、あらゆるものを「とりあえず」で買わないよう心がけています。

新しく買うときは、「今より暮らしが快適になるか」を基準に。

3章
クローゼットは 7割ならぬ5割収納

衣類や靴、書類や文具、食器や調理道具などは、ついつい数が増えてしまいがち。

ものが溢れがちなクローゼットや引き出し、食器棚を、ミニマリストの人たちは、どのように使い勝手よく整理収納しているのでしょうか。

この章では、収納場所が特にスッキリしている人や、余白を意識しながら収納している人を3名ご紹介します。

ものを詰め込まないと、把握しやすく、すぐに整えられます

PERSONAL DATA

hana
@simplelife_hana512

Instagram	https://www.instagram.com/simplelife_hana512/ ひとり暮らし、東京在住、30代、会社員
住まい	1K、7.2畳（27㎡）、賃貸
持つ基準	必要なもの、ワクワクするもの
持たない基準	必要ないもの、ワクワクしないもの
捨てる基準	「いつか」使うもの、今の自分に合わないもの

CLOSET STORAGE

部屋の乱れと心の乱れは連動する

ものが多いとほこりが溜まり、掃除がとても大変でした。

時間と心に余裕を持ちたくて、今までにチェストやDVDレコーダー、CD類、収納ケース、洋服や小物（↓メルカリ出品）など、細々としたものをたくさん処分してきました。

ものを減らした結果、イライラする時間が減り、心穏やかに過ごせる時間が増えました。

さらに、今まで以上にものを大切にできるようになりました。

「お部屋の乱れは心の乱れ。心の乱れはお部屋の乱れ」と思っているので、気づいたらすぐに部屋をきれいな状態に整えています。

必要最小限の手持ちの洋服は、すべてここに。下着や靴下、部屋着、バッグなどは、無印良品のPP収納ボックスに入るだけしか持ちません。

吊り戸棚には、キッチン用品のストックや保存容器を収納しています。棚の上半分は、これから増えるもののために、あえて空けています。

パンプス×2、ショートブーツ×1、レインブーツ×1。スニーカーはよく履くので、玄関に出しっ放し。夏用のサンダルは箱に入れ、下駄箱上段に収納。

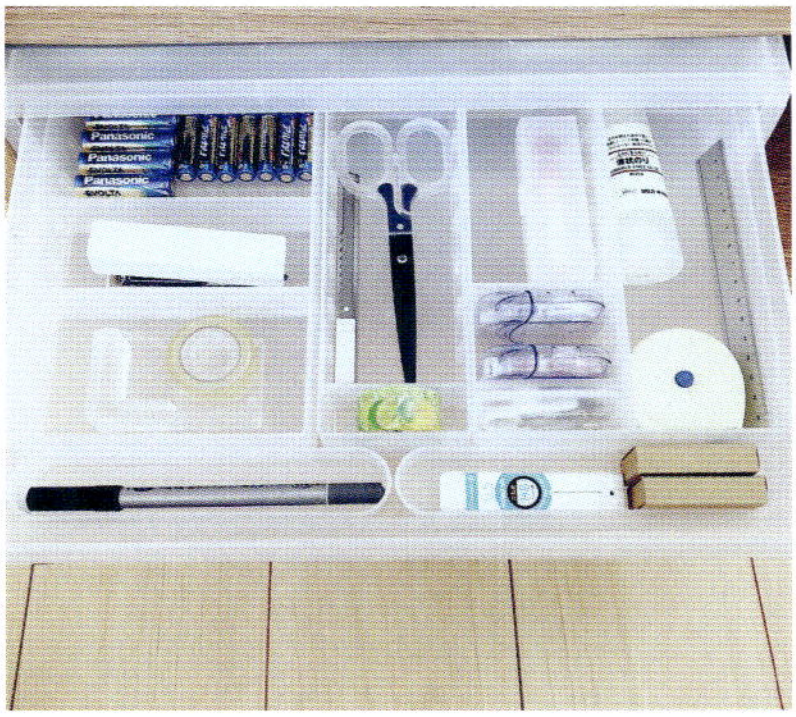

文房具収納。ポリプロピレンケース引出式を2段重ねて使用。入れすぎないように配慮。

CLOSET STORAGE

ワクワクするものを積極的に持つ

生活に必要のないもの、ワクワクしないもの、嫌な過去を思い出すもの、いつか使いそうなものは、持たないようにしています。

反対に、必要なもの、ワクワクするものは、積極的に持ちます。

たとえばクローゼットで使っている大好きなMAWAハンガーは、シルエット用、パンツ用など、3種類持っています。

「洗濯→ハンガーに掛けて干す→乾いたらクローゼット」のプロセスで、たたむ手間を省略。

ものを詰め込まないと、把握しやすく、取り出しやすいです。

収納7割、余白3割が理想ですが、靴箱に関しては厳選しすぎて余白が5割ぐらいに（笑）。

ゆっくり自分と向き合う大切な時間、手帳タイム。その日あった嬉しいことや、これからやりたいことをメモしています。

ベッドではなく、東京西川のムアツベーシック（折りたたみマットレス）を使っています。日中は折りたたんで、部屋を広く使っています。

脚立は、軽いし扱いやすい。高い場所を掃除をするときや、一時的な物置に使用。折りたためるので収納もラク。

大きな全身鏡を置くことで、部屋が広く見えます。2段のスタッキングキャビネットをテレビ台に使用。

CLOSET STORAGE

規則正しい生活が心の安定のカギ

余裕を持って過ごしたいので、規則正しい生活をするように心がけています。

毎朝、洗濯と、軽く掃除をしてから仕事に向かいます。早く帰宅できたらジャージに着替えてジムに行くことが多いです。

余裕があれば手帳を広げて自分と向き合います。

朝起きる時間が早いので、23時就寝が目標です。

心を乱されないように、これ以外のことは極力やらないようにしています。

一通りのタスクを終えて、ゆっくり湯船につかる時間、布団に入って寝るまでの時間が、1日のなかで一番幸せな時間です。

トイレにマットとカバーは置きません。芳香剤代わりに、重曹+ハッカ油を。リーズナブルで効果も大。

部屋干しするのでサーキュレーターは必需品。湿気のこもりやすいマットレスは、時々立てかけて、風をあてています。

水切りかごをなくし、キッチンタオルを一時的に敷いて洗い終わったものを置いています。

冷蔵庫。まだまだ納得のいく収納ではないので、定期的に見直しています。

CLOSET STORAGE

わが家に欠かせない家電「炊飯器」

毎日、自炊をしていて、週末につくりおきすることが多いです。炊飯器は、わが家には欠かせない家電。帰宅時間が遅い日や、疲れている日でも、すぐごはんが食べられるように、一度にごはんを2合炊いて小分けにして冷凍。1週間分のストックにしています。

キッチンを使った後は、ウタマロクリーナーを吹きつけ、パストリーゼでしっかり拭いて必ずリセット。コンロの五徳を上げて油汚れもしっかり拭き取ります。

きれいになる様子を見るのが好きなので、掃除をしていると予想以上に時間が過ぎて驚くことも…。キッチンがきれいだと、自炊も頑張ろうと思えます。

引っ越し25回以上、海外移住先5カ国。トランク1つで身軽に移動

PERSONAL DATA

みそぎ
@clearlist16

Instagram	https://www.instagram.com/clearlist16/
Blog	「身軽な生活」https://www.clear-list.com
	ひとり暮らし、京都在住、30代、会社員
住まい	1K、8畳（約30㎡）、賃貸
持つ基準	必要なもの、好きなもの
持たない基準	不要なもの、愛せないもの
捨てる基準	使っていないもの、大事にできないもの

CLOSET STORAGE

すべての持ちものがトランク1つに収まるまでに

限界集落で生まれ育ち、都会（東京）に住み、海外に住み、途上国生活も経験しました。知らない世界を知り、いろんな感情に出会いたかったから。

国内だけでいうと、15年で25回以上引っ越しています。後は1年前後で引っ越しています。

理由があったのではなく、気分で。複数のシェアハウスや海外暮らしを経て、1年半前から久々に日本でひとり暮らしをしています。

引っ越し、旅、移動が多いこともあり、気がついたらすべての持ちものがトランク1つに収まるほどになっていました。

トートバッグ1つで5カ月の旅に出たこともあります。

ポーチの中身はこれだけ。アクセサリーは木箱に全部入れ、化粧ポーチの中に入れて持ち歩いています。

キッチン用品すべて。基本的に、ごはん、おかず、サラダなどをお皿1つに盛り付けています。丼物は大皿にのせて。汁がないものしか食べません。

アクセサリーは全部で5個。左は、昔住んでいたオーストラリアで購入。右下のダイヤのピアスは一番好きなもの。中に黒い線が入っていて、3年前に一目惚れ。

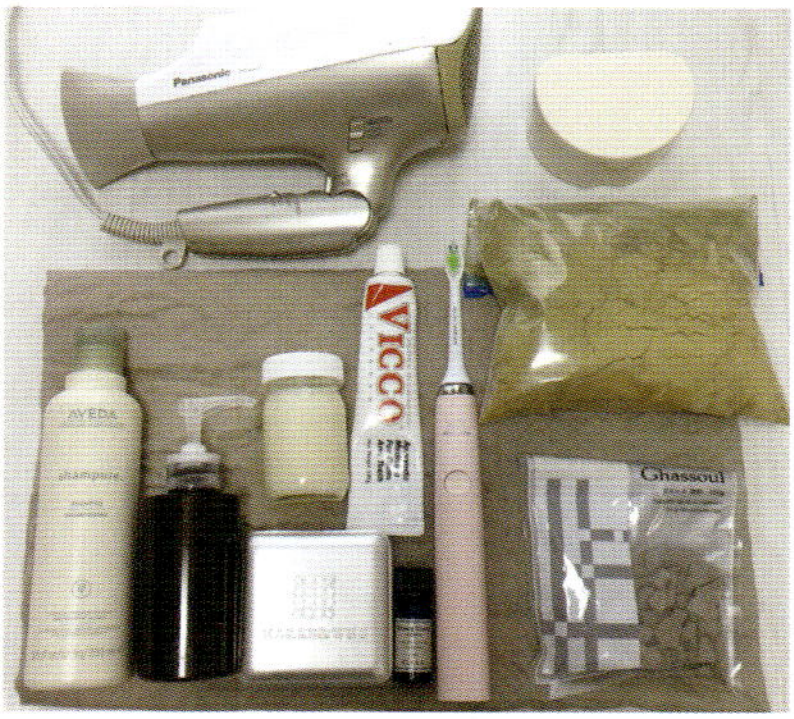

バスアイテム。なかでも、電動歯ブラシは必需品。これを購入してから、検診にいっても虫歯もなく歯茎も健康、歯石や汚れもないと言われます。

CLOSET STORAGE

「電動歯ブラシ」は絶対に持っていたいもの

定住するようになってから、少しずつものが増えてきました。今、手持ちの全アイテムは125前後。もうトランク1つには収まらないですが、トランク1つの荷物までならいつでも減らせます。

ただ、皆が皆、断捨離すべきだとは思っていません。その人が幸せであることが第一です。

私の場合は「ムダをなくして、そのものの本質を引き出し、最大限生かすこと」が好きなので、そうしています。

どれだけ荷物を減らしても、絶対持っていたいのは、電動歯ブラシ。これのおかげで歯のトラブルがなくなりました。健康には意識的にお金を使っています。

衣替え不要のクローゼット。季節の変わり目は毎シーズン洋服の見直しをして、捨てたり、新しいものを買ったりして、入れ替えています。

2018年秋アイテム全15点。季節ごとに年4回コーデを考えてアップしていますが、これをやると毎日服に迷わなくなります。

持っている靴が少ないと、選ぶ迷いがなく気軽。ヒールなしの「黒いパンプス」は、季節関係なく履けるので、私の靴のベースです。

CLOSET STORAGE

1週間のコーディネートを決めておくとラク

洋服は好きですが、ハンガー約20本に掛けられる分だけしか持たないようにしています。

1着買ったら1着捨てるように。たとえば夏服を数枚手放したら、その余白に秋服を足します。

シーズンの最初に、今持っている洋服や小物の数をチェックします。何を買い足したいか、予算と相談。購入したら1週間のコーディネートを決め、「制服化」。

気持ちの鮮度がいいままたくさん着たいので、長く着続けるというより、着倒して回転を早くしています。

靴は基本3足。黒のパンプスはオールシーズン履いています。履きつぶし、同じものに買い替えて。

帰省や旅前には、掃除をしてから出ます。また戻ってきたとき、ホッとできます。

左のコスモライトは、90L。右はアディダスの15年選手。

ウンベラータ。自然が恋しいので、ウンベラータを置いています。

トートバッカー。全荷物 7キロくらいで3カ国を5カ月間ひとり旅し終わったときの写真。

CLOSET STORAGE

旅に欠かせない軽量スーツケース

海外5カ国に滞在（在住）し、海外旅20カ国（ほぼひとり）をしてきました。旅は大好きです。

7年以上前に購入したサムソナイトの「コスモライト」は、引っ越し・移動・移住が同義語なほど頻繁に動く私の愛用品。指2本で余裕で持ち上げられるくらい軽量。

軽やかな移動をしたくて荷物を軽くしても、それを運ぶスーツケースが重ければ結局動くのが大変になってしまいます。

また、長年ハードに使っていても、まったく壊れない耐久性。場所をとりますが手放せません。

何もない部屋は無機質に見えるので、観葉植物や花を置いて癒やされています。

部屋も頭の中も、余白を意識して

PERSONAL DATA

masudaの暮らし
@kurashi_camera

Instagram	https://www.instagram.com/kurashi_camera/
	ひとり暮らし、埼玉在住、40代、会社員
住まい	4LDK、90㎡、一戸建て
持つ基準	生活に必要なもの、手入れが簡単なもの
持たない基準	メンテナンスが面倒なもの、迷ったもの（迷ったら買わない）
捨てる基準	使用頻度が低いもの、メンテナンスが面倒に感じたもの

CLOSET STORAGE

脳のメモリを減らせば頭も心もスッキリ

今の家に引っ越すとき、山ほどゴミが出て、自分では処理できず、業者に依頼。こんなに不要なものに囲まれていたのかと唖然。

仕事が多忙で心を病んでいたこともあり、ものに費やす脳のメモリを少しにして頭も心もスッキリさせたいと断捨離を始めました。

ものが減ってから片づけと掃除が格段にラクに。部屋をいつでも美しく保つことができ、毎日気持ちよく過ごせるのはうれしいことです。片づけと掃除の時間が短くなったことで、自分に使える時間が増えました。

ものにとらわれることがなくなり、自分のことをじっくり見つめ直せるようにもなりました。

使い勝手を考えて、食器の収納場所を吊り戸棚から引き出し棚へ引っ越し。使用頻度の低い来客用の皿は、吊り戸棚にしまっています。

以前は下に収納ケースを置いていましたが、別の場所へ移動。クローゼットの下に何もないと掃除がラクになりました。

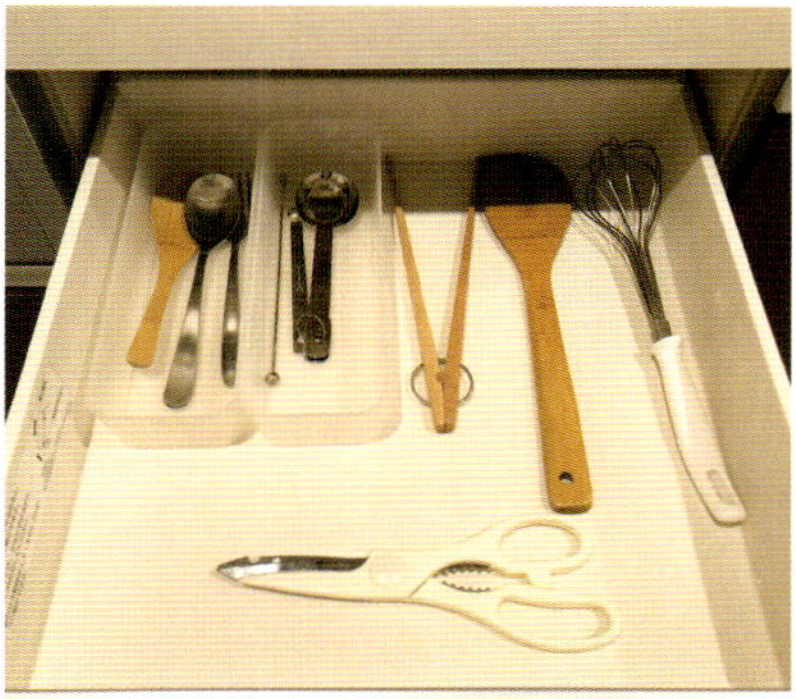

箸、フォーク、スプーン。来客用も一緒にしまっていたのですが、選んで取り出す手間がストレスで、すべて自分のものだけにしました。

キッチン背面も上半分を空けておくと、見た目もスッキリ。帰宅して美観が保たれていると、疲れも軽減されます。

引き出しに空きがあっても詰め込まない

先々の親との同居を考えて、一戸建てを購入しました。けれども、今は「もっと狭い家にすればよかった」と思っています。

スペースがあると、ものは増えやすいもの。実際、油断すると、すぐ増えます。増やしようがない環境であれば、ものに意識が向かずに済むのにと思います。

部屋数が多いと、掃除する手間も増えます。

そこで、狭い家に住んでいる感覚で暮らそうと意識しています。

収納は「余白をつくる」。引き出しが空いているからといって、詰め込まないようにしています。

食器棚や本棚を捨て、そもそもの収納スペースもなくしました。

ダイニングセットのみを置いて。ものが少ないと、掃除が滞っても、スッキリ感じられるのでラクです。

油汚れが床につくのが嫌で、キッチンマットを敷いていましたが、マットを洗濯するより床を拭いたほうが早いのではと思い試験的になくしました。

腰を痛めてからはソファが必需品です。インテリアの色数を少なくして、落ち着きのある空間に。

ベッドまわりには眠りを誘う本を読むためのライト、ティッシュ、小さなデスクがあれば十分。でも布団乾燥機は必須。

CLOSET STORAGE

手入れが面倒なものは持たない

ものを捨てるときの基準は、生活に不要かどうかが主ですが、もう1つ「手入れが面倒かどうか」。

キッチンの水切りかごはやめました。リネン素材のクロスに洗った食器を置いています。汚れたら、サッとすすいで干すだけで、ラクチンです。

足ふきマットや珪藻土マットも捨てました。フェイスタオルを置いて代用しています。こちらもサッと洗濯でき、すぐにどけて掃除しやすくなりました。

うちにはカーテンがありません。スクリーンカーテンにすることで洗濯する手間がなくなり、カーテンの臭いを気にすることもなくなりました。

炊飯器をやめて、無印良品の土鍋でごはんを炊いています。土鍋ごはんにしてから外食はほとんどしません。食費が浮きますね。

手作りの食事。ごはん、味噌汁、納豆、梅干し。納豆には醤油ではなく、白だしを。味噌汁の具にキノコを使うのがマイブームです。

ものがたくさんあったときは、光をじっと見ることなんかありませんでした。「見ない」というか「見えない」状況だったのかも。ものが少ないと光が際立ちます。まるでインテリアです。

服の量をミニマルにできない服好きの私ですが、「好き」がはっきりしてきたので、「いいなとは思うけどレギュラーではない服」を少しずつ断捨離しています。

CLOSET STORAGE

思考を豊かにするものには積極的に投資

お金の使い方にはメリハリをつけるようにしています。

自分にとっての優先順位は、

①食事

②スキルアップのために必要な書籍やセミナー参加費

③洋服

健康を維持するために必要な食事には気を使うようにしています。

仕事やプライベートを豊かにするものには、お金に糸目をつけません。思考の豊かさが暮らしの豊かさにつながると思っています。

洋服も断捨離してスッキリさせたいのですが、好きな服を買わないことがストレスになるのに気づき、諦めました。それで心が豊かになるならいいと思っています。

KITCHEN

4章
多くを持たないと料理も後片づけもラク

キッチンは、食材や食器、調理道具など、ものが溢れやすい場所。食材を扱うので清潔に保ちたいけれど、水も油も使うので汚れやすい場所でもあります。

シンクやコンロなど、気になる部分がたくさん。

この章では、キッチンまわりの収納の工夫や食事についてご紹介します。

必要最低限のもので生活しながら、手作り料理を楽しむ

PERSONAL DATA

tao
@____________tao

Instagram	https://www.instagram.com/____________tao/ ひとり暮らし、三重在住、20代、会社員
住まい	1LDK、41.5㎡、賃貸
持つ基準	自分が本当にそのものを言い訳なく、役目を終えるまで使う自信があるもの
持たない基準	迷えばそのときは見送ります
捨てる基準	そのものが満足してくれるほど愛（使用）したか （※現在は引っ越しをして別の家に住んでいます）

KITCHEN

捨てるときも買うときも「考える」

仕事中心の生活の中、仕事、人間関係、家事をうまく両立したくて、心理的にも物理的にも、ムダを減らす努力をし始めました。

ものを減らしていった結果、心に余裕が生まれ、人に対して寛大になれるように。ムダな動きやつきあい、浪費もなくなりました。自分を知る時間も増えました。

とはいえ、理想を求めて捨てすぎてしまっては、本末転倒。捨てるときも買うときも、まず「考える」ようにしています。

掃除道具も、場所ごとに細かく持たず、限られたものの中から知恵を絞って汚れを解決しています。キッチンだったら、重曹やお酢を使ってこすれば十分です。

せいごの蜂蜜レモンマリネ。せいごを初めて捌いてみました。時々、突然、精を出して料理を作りたくなることがあります。

新鮮な野菜は茹でるだけで十分。そのままをおいしくいただきます。

ホワイトデーに手作りの苺スコーン。甘党ではない人でも食べられるようにレモンバージョンも用意（右写真）。

入社時からお世話になっていた上司へ、今までのお礼も兼ねて、10品目の詰め込み弁当。おにぎりは昆布出汁で炊いています。

簡単サンドウィッチ。以前パリで食べた味を思い出します。

KITCHEN

お金をかけずに「いいもの」を手に入れる

ちょっとそこらのスーパーのレタス、ハムとチーズを2枚ずつ。ちょっといいところのフランスパンに挟めば、素朴でおいしいパニーノのできあがり。

以前ひとりで行ったフランスのエッフェル塔前の広場で食べた、あのどこにでもありそうなサンドウィッチの味を思い出します。おいしかった。

お金をかけなくても、「いいもの」は手に入ります。

手間は少しかかりますが、手作りを続けられる限りは続けたいなと思ってます。

手作りだと費用も抑えられますし、お金の使い方の見直しにもなります。

無印良品の体にフィットするソファを愛用。コの字ラックをテーブル代わりに使っています。

黒フレームに入ったポスターは、IFNi ROASTING & CO.のもの。おいしいコーヒーが飲みたいなと、これを見るたび思ってしまいます。

寝具は白で統一。ベッドは無印良品のもの。プロジェクターで時々映画を楽しんでいます。

カリモク60のソファ。色数を抑えた部屋の中ではグリーンがアクセントに。

KITCHEN

優先したいのは「住、食、衣」の順

暮らしの優先順位を「衣食住」で表すとすれば「①住→②食→③衣」です。

暮らしの中の癒しは、目覚めた瞬間、眼に入るもの。好きなもので空間をそろえると、気持ちが穏やかになります。

無印良品の体にフィットするソファは座り心地抜群で愛用品。

寝つきの悪い私は、これに身を任せると眠くなって、何度も助けられています。

収納のないテレビ台は、見た目にスッキリしていて圧迫感がなく、部屋が広く見えます。

限られたインテリアで、どの子を主役にしようか…と考える時間も楽しいです。

cyma connectの20インチ折りたたみ自転車。車でどこでも行けてしまう便利さに少し疲れたこともあり、環境や体のことを考えて、自転車を買いました。

大ぶりのドライフラワーを天井から吊るして。夕暮れどきに豆電球をつけると、またいい感じです。

たまには真昼間にキャンドルを灯してみるのもいいもの。以前は淡いブルーだった紫陽花のドライフラワーも、今はすっかり季節を感じさせます。

KITCHEN

ドライフラワーを部屋のあちこちに飾って

大好きなお花屋さんで買った草花を部屋のあちこちに飾っています。おかげで、家が息の吸える空間になりました。ドライなら手入れもラク。

ドライフラワーやモノトーンのものは、どんなインテリアにも合いやすく、置くだけでスタイリッシュな印象にしてくれます。

分けて着ていた仕事とプライベートの服。分けるのをやめ、仕事着を休日も着るようにして、服の数を減らしました。

今は本当に必要な服しか持っていません。

必要最低限のもので生活していると、住む場所が変わっても、特に買い足すものがなく合理的です。

大好きなキッチンだから常に整えておきたい

PERSONAL DATA

camiu.5
@camiu.5

Instagram	https://www.instagram.com/camiu.5/ 5人暮らし（夫、妻、娘9歳・8歳・6歳）、愛知在住、30代、主婦
住まい	3LDK、一戸建て
持つ／持たない基準	必要以上に買わない。欲しいものを探さない。「もの」より「思い出」。一度所有したものは価値を失いやすいので、物欲よりも経験値を上げていきたいです
捨てる基準	今すぐ使わないものや、使いにくいけれど、せっかく買ったんだし…で残っていたもの。散らかっている状態をすぐに戻せないときは、ものの絶対数を減らす

KITCHEN

リセットはいつもキッチンから

上の娘と真ん中の娘が年子なので、育児と家事でキャパオーバーになったときがありました。

ワンオペ育児ということもあり、効率よく暮らしたいと思ったのが、ものを減らしたきっかけです。

家が片づいていないと、ストレスがたまるので、こまめに片づけるようになりました。

リセットはいつもキッチンから。大好きなキッチンが散らかったままだと、なんとなく心に引っかかりがあって、ほかの場所の掃除にも取りかかれません。キッチンがスッキリしているとニヤケます。

ただ、片づけする体力、気力がないときは休みます。無理はしていません。

お気に入りの食器たち。お気に入りは見つけるんじゃなく、使っているものがお気に入りになっていくように思います。

oisixのミールキット鯵竜田でお手軽、蒲焼丼。野菜の磯和えを添えて。子どもが作っても、20分で完成!

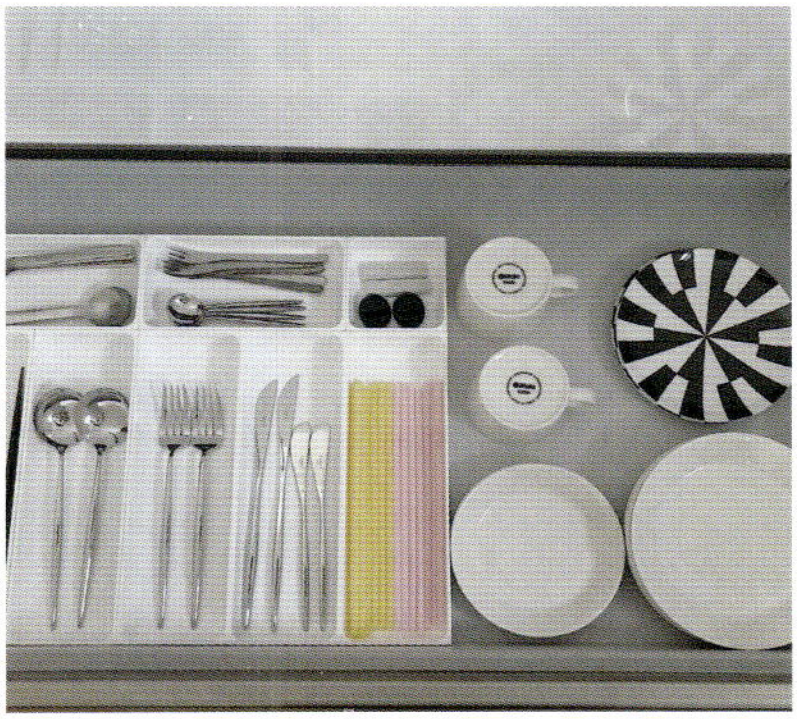

隙間・ゆとり・余白が好き。7 ～ 8割収納を目指しています。

KITCHEN

出したら戻せる仕組みを作る

収納で気をつけているのは、出しやすく、戻しやすいこと。家族の誰もが、出したら戻せる仕組み作りをしています。

ものが少ないので、子どもたちも自主的に部屋のリセットをしてくれます。

料理は苦手ですが、栄養士の資格を持っています。

夏休みなどの長期休暇には、娘と料理を楽しみます。学校があるときは、私も娘も忙しく、なかなか一緒に料理なんてできません。気持ちにゆとりがないと、やさしく見守ってあげられず…。

キッチンの作業台には何も置いていないので、子どもも広々とお手伝いができます。

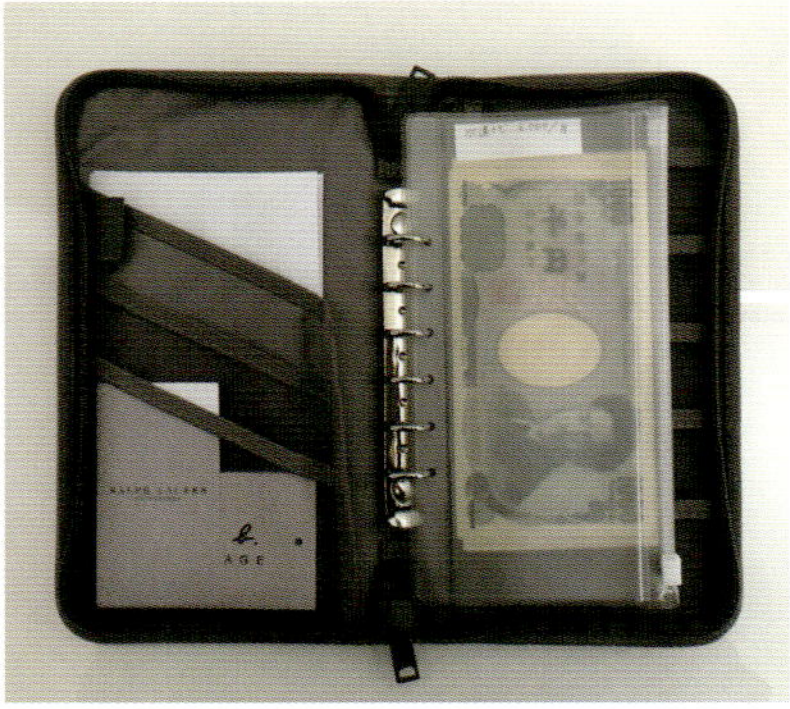

クレジットカード払いの固定費は、引き出して手元で管理しています。

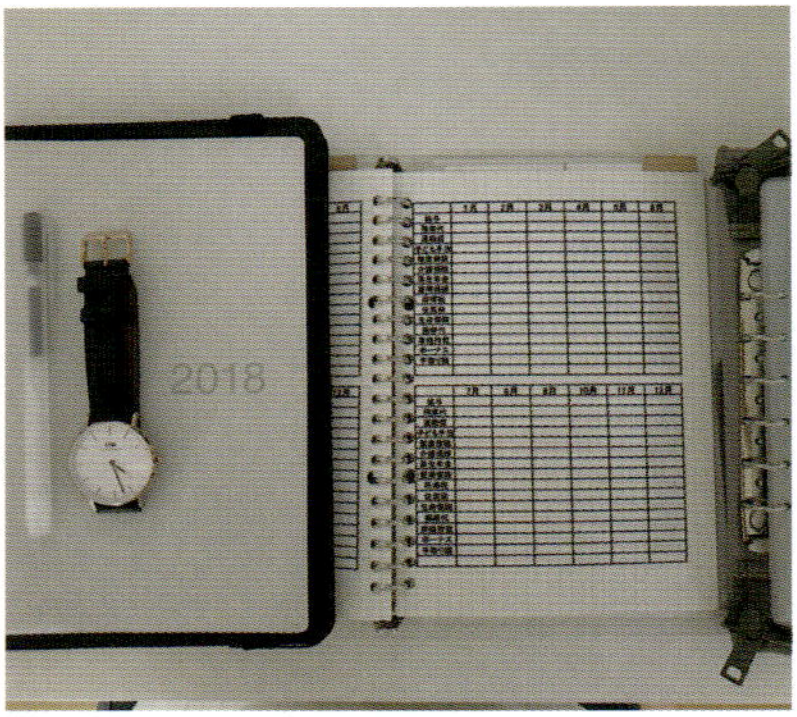

家計簿セット。無印良品の手帳とバインダーとパスポートケース。そしてペン。確実に貯めるには、少なめの予算でやりくりすることが大切です。

最近ますますスッキリしてきた夫婦のクローゼット。お金をかけるところを決めて、毎日着る衣類の買い替え頻度を上げています。

家の居心地がいいと、やたらめったら出かけないから節約にもなります。

KITCHEN

お金は毎月予算を決めてやりくり

「シンプルに暮らす」を意識することで、お金の使い方も変わってきました。

「使うところは使う。締めるところは締める」を心がけて。

毎日着る衣類の買い換え頻度をあげました。特に靴下や下着などのインナー、タオル。以前はもったいないと使い続けていましたが、古いものを身につけるのは運気を下げるそうで…。

枚数を持たない代わりに、半年や1年サイクルで新調するようにしています。

家計簿は、1カ月の予算を決め、管理しています。確実に貯めるために、あえて少ない予算でやりくりしています。

万が一のときのためにストックはしっかり持っています。無印良品の収納ボックスが大活躍。

防災グッズのだいたいのものは、常に一定量を備蓄しています。水がないと困るので、給水袋も多めに置いています。

トイレはしっかり拭きます。操作ボタンから床まで一連の流れでシート１枚で完結。

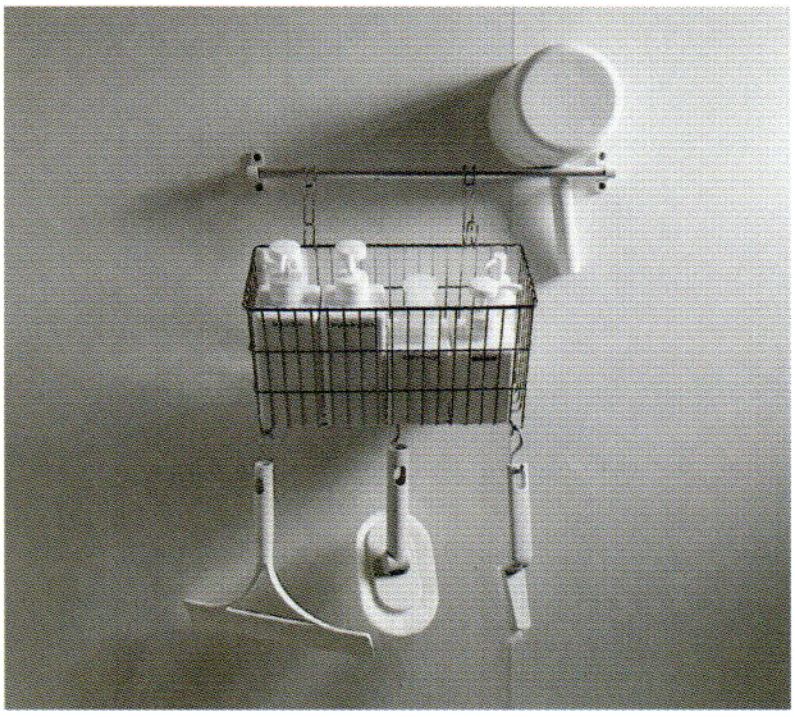

お風呂はトイレと同じくらいきれいにしておきたい場所の1つ。入浴後は、しっかり水を切っています。

KITCHEN

白か黒で スッキリまとめる

部屋は全体的に白でまとめています。時々、黒を入れて差し色に。食器も洋服も、白か黒です。収納の扉を開けたとき、色が限られていると、スッキリします。

白か黒と決めているので、もの選びのときも迷わずに済みます。トイレやお風呂も白で統一して。

わが家はゆとりある収納を心がけていますが、日常品と非常用品（防災グッズ）をしまってある棚だけは、ちょっとカオス。

万が一のときのために、トイレットペーパーや水、電池などは多めに。

使ったら使った分だけ買い足す「ローリングストック」をしています。

シンクまわりが片づいていない日もあっていい

PERSONAL DATA

mana
@rgrg__1110

Instagram	https://www.instagram.com/rgrg__1110/ 5人暮らし（夫、妻、息子5歳・3歳・1歳）、茨城在住、20代、主婦
住まい	3LDK、65.95m²、賃貸
持つ／持たない基準	今の私にとって必要かどうか。やましたひでこさんの言葉を胸に、ものを買っています
捨てる基準	今、私が使っていないもの。愛着のないもの

KITCHEN

片づけやすい「量」と「仕組み」が大切

結婚して子どもが生まれ、今のアパートへの引っ越しをするとき、荷造りがなかなか終わりませんでした。ものの多さを実感し、身のまわりのものを見直し始めました。基準は「今の私にとって必要かどうか」。ものを持ちすぎていたんだということに気づきました。

4年かけてどんどんものを減らし、今やっと自分が管理できる量になってきたと感じます。

とはいえ、片づいている日もあれば、そうでない日（上の右下写真。洗いものが棚に乗ったまま）もある。

大切なのは「いつも片づいている」ことではなく、「片づけやすい量を持つ」ことや「片づけやすい仕組み作り」だと思います。

ひとりずつワンプレート制。洗いものの手間を極力省く工夫。1皿に収まっていると、子どももこぼしにくいので、片づけもラク。

マグネットやフックで掛ける収納。狭いからこそ、壁面を有効活用。キッチンペーパーやビニル袋など最低限のものを収納。

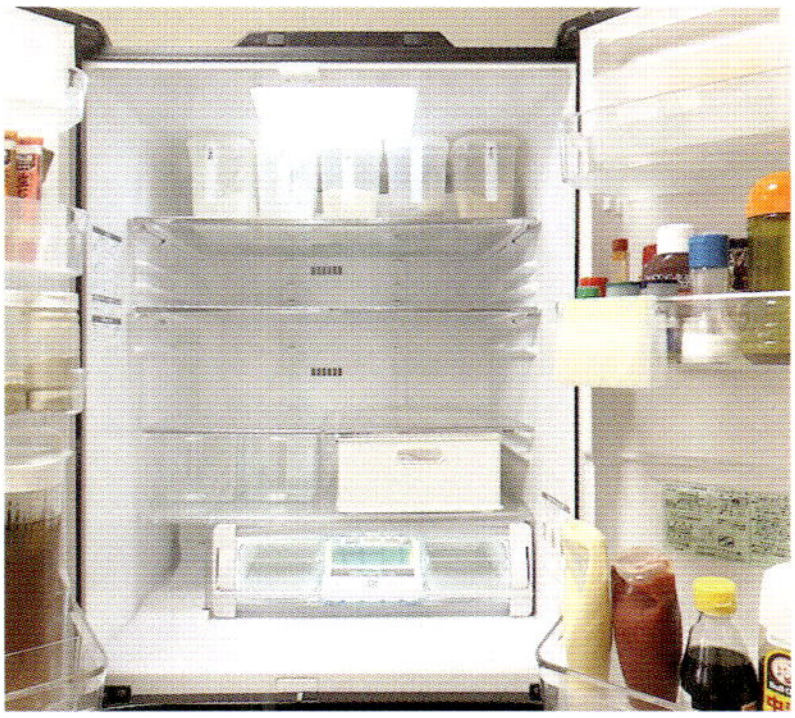

「買いすぎない」「ムダにせず使い切る」冷蔵庫。食材がなくなったら買うスタイル。以前はぎっしり詰まりすぎて取り出しにくかった…。

子どもがいるので、割れにくい食器を中心に、シンク下にすべての食器を収納。食器は白か木製で統一。計30枚。ムダな食器は持ちません。

KITCHEN

苦手な料理は食材数でカバー

小さい男の子が3人いるので、食費はケチらず、かといって使いすぎず、質のよい材料を買って、上手ではなくても、なるべく手作りを心がけてます。

料理は苦手なので【まごわやさしい】を頭に入れて、いろいろな食材をとるように。

ま＝豆、ご＝ごま
わ＝わかめなど海草
や＝野菜、さ＝魚
し＝しいたけなどきのこ
い＝芋

7品目を満遍なく食事に取り入れて、栄養バランスのいい食生活を送ることで、健康な体作りができればと考えています。

いつもは賑やかなのに、アニメを観てるときの長男と次男の静かさといったら！３男は麦茶を飲んだり、邪魔をしたり。見ているだけで癒される3兄弟。

活発な子どもたちが安全に暮らせる環境作りを一番に考えて、ソファやダイニングテーブルは処分。

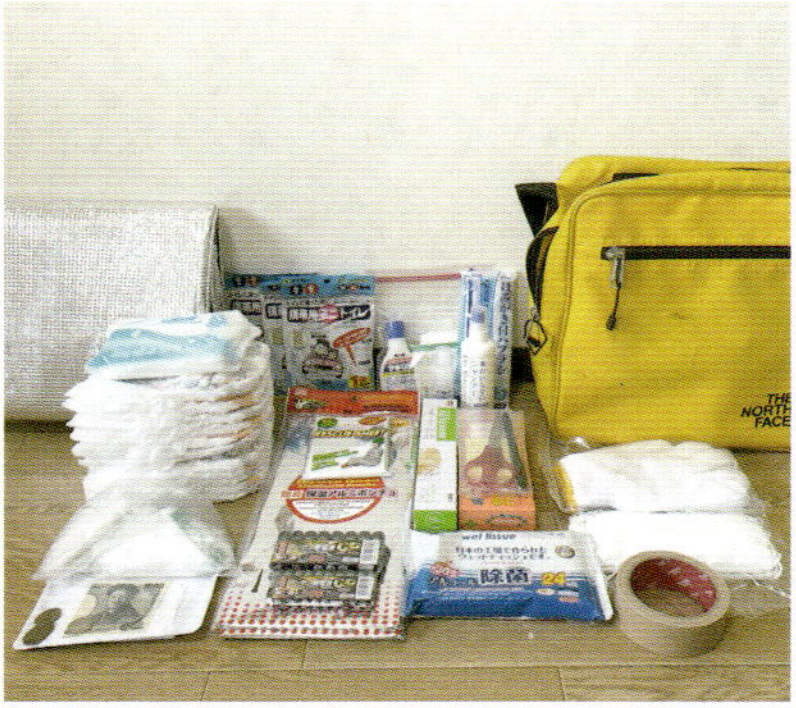

夫の不在時でも、子どもと逃げられるように備えをしっかり。持ち出し用バッグには、お金やおむつ等を常備。水や非常食は別に備えています。

わが家の日常。いつもきれいなんて無理。毎日すごく散らかるのは、子どもがいれば当たり前。よく遊んだ証拠です。

KITCHEN

3人の子どもと過ごす時間が一番大切

子どもの安全を第一に考えています。

14時に長男が帰ってきてから、公園に行ったり、図書館へ行ったり。その後のお風呂、夕飯、就寝まで、やらなければならないことがたくさんあるからこそ、せかせかせずに気持ちに余裕を持つ。

この子どもたちと過ごす時間が一番大切です。子どもを抱っこできるのは今しかありません。子育てはきっとあっという間に終わる。

わが家は男の子3人。「近寄るな」と言われる日も遠くはない…。

そう考えると、イライラしてる時間さえも勿体なく感じます。可愛い可愛いその声もその表情も、母ちゃんは絶対忘れないからね！

下の白い衣装ケースには、家族5人分の服を収納。その上のかごの中には、予備のタオルや幼稚園の体操着などを入れています。上段には長いつっぱり棒を設置して、5人分のアウターを吊るしています。

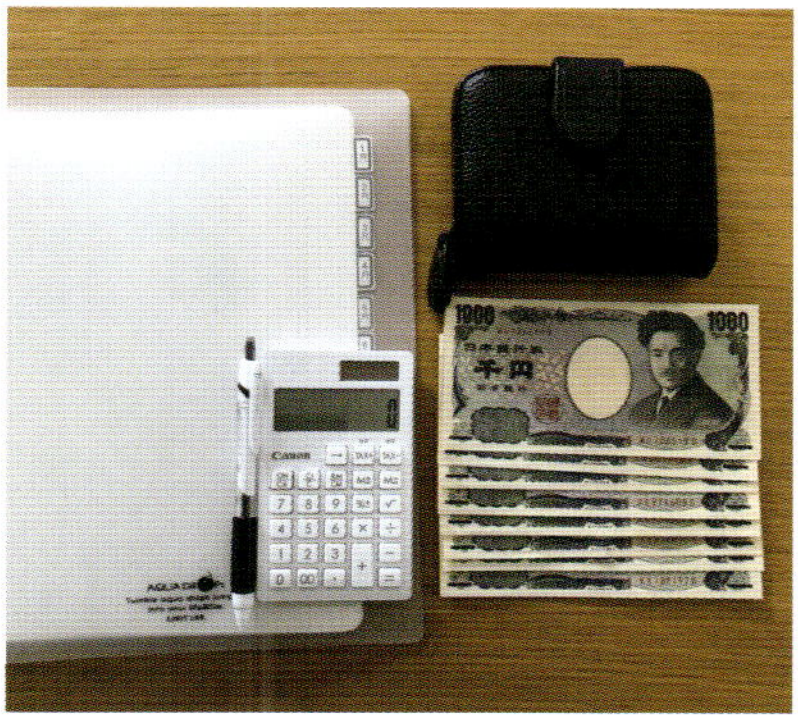

去年から1週間1万円生活を始めました。食費と日用品を1万円でやりくり。現在は、2日で5,000円生活（1日2,500円）に挑戦中です!

玄関扉裏には掃除道具（ほうき、ちりとり）をフックで収納。使う場所の近くに置いておくと、必要なときすぐに掃除できます。

KITCHEN

収納が得意ではないからこそ最適量を持つように

私は収納が苦手なので、そもそも、ものをあまり持たないようにしています。そうすれば、収納用品も多くは必要ありませんし、部屋もスッキリすると思っています。

わが家では、服を収納場所に収まる分だけ持つようにしています。私の場合、上下5着ずつあれば十分かなと思うほど。服より体を整えることに投資したい！（スタイルがよければ何でも似合いますから）。

少ないことがすごいことなのではなく、自分がストレスなく暮らしやすいことが一番だと思います。私の性格と暮らし（環境）に、最適な「量」と「質」がわかっていると、ブレずにいられるんだと最近、実感しています。

5章

メリハリをつけて お金を使う

不要なものにはお金を使わず、大切なものにお金をかける。ミニマリストの人たちは、家の中だけでなく、お金まわりもスッキリさせています。

この章では、上手にお金を使って、家計のムダを省いている人を4名ご紹介します。

ムリのない節約術や、家計簿のつけ方、宅配買取利用のコツなど、すぐに真似できそうなヒントがいろいろ。

費やす時間が長いものへ優先的にお金をかけています

PERSONAL DATA

よりこ
@yorikko33

Instagram https://www.instagram.com/yorikko33/
Blog 「ミニマム・エッセイ」https://www.minimum-minimum.com/
2人暮らし、大阪在住、30代、会社員
住まい 1LDK、16畳、賃貸
持つ／持たない／捨てる基準 すべての基準は「ストレスフリー」。持ってストレスを感じなければ増やす。逆に持つことでストレスを感じるものはどんどん手放します

HOUSEHOLD BUDGET

給料が減った分を投資信託でカバー

正社員で働いていたとき、本当に暗黒時代で…。「仕事が上手くいかない」「結婚できない」「自分だけ幸せになれない」そんなモヤモヤが溜まりに溜まっていました。悲劇のヒロインになっている自分を捨てたくて、ミニマリストになりました。

10年間の正社員キャリアを手放し、派遣社員として働き始めたら、年収は約半分に…。

将来お金の心配はしたくないので、派遣社員のお給料からでもできる投資信託を始めました。

低金利の銀行に預けるより、ずっと利まわりがよく、資産を少しずつではありますが、増やすことができています。

料理下手だからこそ、切るだけ、焼くだけ、茹でるだけのシンプルな手作り料理。果物が好きなので、週に2種類の果物を買うようにしています。

週1の買い出しを断捨離して、「らでぃっしゅぼーや」宅配に。隙間時間にポチポチ注文すれば、自宅に届くので、時間も手間もなくせます。

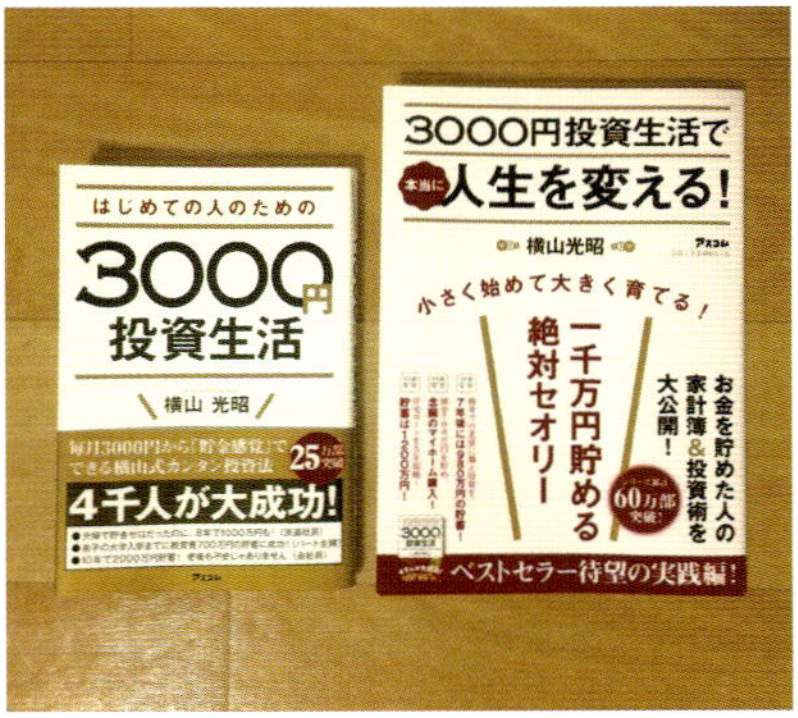

家計再生コンサルタント・横山光昭さんの本を参考に。投資信託の一歩として、eMAXIS Slim バランス（8資産均等型）を選択。

HOUSEHOLD BUDGET

家にいる時間が好きなので家賃を最優先に

わが家で一番お金がかかっているのは、圧倒的に家賃です。賃貸暮らしですが、まぁまぁ高いです。家にいる時間が好きなので、住まいにお金をかけています。

お金を使う優先順位は、「時間」と「手間」が高いです。費やす時間が長かったり、お金を出すことで時間を節約できるものには、お金をかけます。たとえば、座り心地抜群で横にもなれるアルモニアのソファには優先的に投資しています。家に居る時間の大半は、このソファの上で過ごしています。「食費」に節約という概念もありません。健康が一番の節約だと思っているので、なるべく質の高い食材を買うようにしています。

服は250→30着に削減。選ぶ基準は「手持ちの服と3パターンは着まわせる」こと。通勤も休日も着るので、3パターン着まわせれば飽きません。

メイク道具は石けんで落とせるものだけ選んでいます。8割減らしました。

1年を6足の靴で過ごしています。靴はチームで分けて、定期的に使用頻度を見直します。断捨離対象のものは、「ステイ」でしばらく様子見します。

見た目重視の収納がしたいですが、取り出しにくいと絶対に掃除をしなくなるので、ニットキャップなどは、機能重視の「むき出し収納」にしています。

HOUSEHOLD BUDGET

2年かけてものを手放し、思い込みも一緒に断捨離

何事も形から入るタイプなので(笑)、とりあえず家にあるものを減らそう！と思い立ちました。

でも、長年の「モッタイナイ病」が手ごわくて、思うようにミニマリスト化が進みませんでした。

それでも2年かけて少しずつものを見直して、今は適量になりました。

ものを捨てる、手放すときに、「なんで今までものに執着してたんだろう」という気持ちが、「なんで今まで固定観念にとらわれていたんだろう」という気持ちにリンクしました。

ものを手放すことで、自分の中の凝り固まった思い込みを断捨離できたように思います。

お弁当作りに困ったら、味噌汁に茹で卵を入れて持っていきます。名称は「海坊主」。ハードルを下げることが、続けるコツです。

ポット型の浄水器クリンスイCP405を購入したので、ペットボトルのゴミ捨てが不要に。フィルターの交換時期が3カ月に1回で済むところもラク。

毎朝1カ所だけ掃除しています。気持ちもスッキリして眠気も覚めます。カレンダーの曜日上に、掃除場所をテプラで作って貼っています。

ラックなどの収納アイテムを減らした結果、逆にスッキリしたコンロ下。ものが少ないからできる気がします。

HOUSEHOLD BUDGET

ストレスを感じやすいからこそ心の安定を大切に

私自身、いろんなことを気にするタイプで、ストレスを感じやすい性格です。だからこそ、自分の気持ちが安定することを最優先に考えています。

ストレスって完全にゼロにはできませんが、減らすことはできると思っています。なるべく心穏やかな時間を増やしたいので、自分がどんな場面でストレスを感じるのかを知るようにしています。

丁寧な暮らしも持たない暮らしも素敵で憧れますが、それ以上に私にはストレスフリーが大事。

いつもきっちりきれいではないですが、ほどほどきれい、使いやすい、なんだか落ち着く、ちょうどいい空間を心がけています。

ムダなものを減らすと、お金にもメリハリがつく

PERSONAL DATA

ピノ子@くらしにのらり
@kura_nora

Instagram	https://www.instagram.com/kura_nora/
Blog	「くらしにのらり」https://kura-nora.com/
	3人暮らし（夫、妻、息子1歳）、沖縄在住、30代、自営
住まい	3DK、50㎡、賃貸
持つ基準	「気に入っている・管理がラク・長く使える」、この3つの基準を大切にしています
持たない基準	お気に入りのもの以外はなるべく持たない
捨てる基準	「1年間使っていない」「しばらく使いそうになく、いつでも買い替えできるもの」

HOUSEHOLD BUDGET

断捨離のきっかけはメルカリでの小遣い稼ぎ

関東から沖縄に移住して5年目になります。

断捨離に目覚めたきっかけは、不用品をフリマアプリに出品すると、お小遣い稼ぎになると知ってから。売れることが楽しくなり、不用品を次々売っていったら、部屋がスッキリしてきました。

その状態が気持ちよくなり、部屋にある持ちものをさらに見直して厳選していくようになりました。手放してきた数、200個以上！

不用品の処分に使ったサービスは、メルカリ、リサイクルショップ、宅配買取の3つ。

高く売りたいときはメルカリ、ラクに売りたいときは宅配買取と使い分けています。

節約できた金額（年間）

携帯電話の通信費	12万円
家賃	24万円
自動車保険	4万円
合計	40万円

固定費の節約のいいところは、一度見直してしまえば、後は自動的に節約してくれるところ。食費よりももっと確実に簡単に節約できます。

家計簿アプリはマネーフォワードを使用。お金を使ったら、レジ後にすぐに入力。夫婦でログインしていつも見られるようにしています。費用項目にとらわれすぎないのが続けるコツです。

クレジットカードの普段使いは1枚に絞る。ポイントを貯めるために、楽天カードを使い倒しています。

不用品を処分した結果、家族3人分の洋服・タオル類・シーツの替えなどが1つの押し入れに収まるようになりました。

HOUSEHOLD BUDGET

固定費を見直して40万円の節約

わが家は食事も含めて健康（医療費など）に関することはなるべくお金を削らないようにしています。仕事に関するアイテムも、お金をかけることでよりよい仕事ができ、のちにそれが収入に影響すると思っているので無理に節約しません。

反対に、子どもに関するグッズは、バザーやいただきものをうまく使うことで、なるべくお金をかけずにいます。

やればやった分、確実にお金が節約できるのが固定費。「めんどくさいからまた今度」と後回しにせず、率先して削っています。携帯代・家賃・自動車保険を見直して40万円の節約になりました。

作業室（仕事部屋）。パソコンデスクは「無印良品 折りたたみテーブル」。PC用の椅子は安いものを使っていたら腰を痛めてしまったので、奮発していいものを買いました。

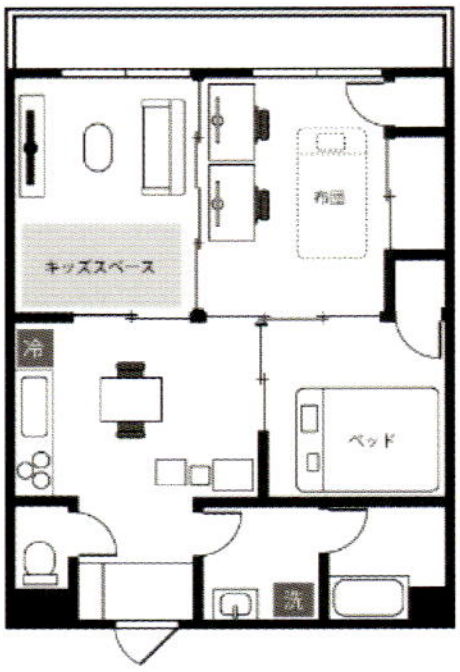

息子の成長に合わせて時々、模様替えをしています。生後3～4カ月（コロコロ期）のとき。リビングにキッズスペースを設けて、作業室から様子が見える間取り。作業室は夜には、夫の寝床に。

キッズテントは友人からの出産祝い。今の間取りに子ども部屋がないので、ちょっとしたキッズスペースとして使えるようにリクエストしました。おもちゃは、長く使えるものを選ぶようにしています。

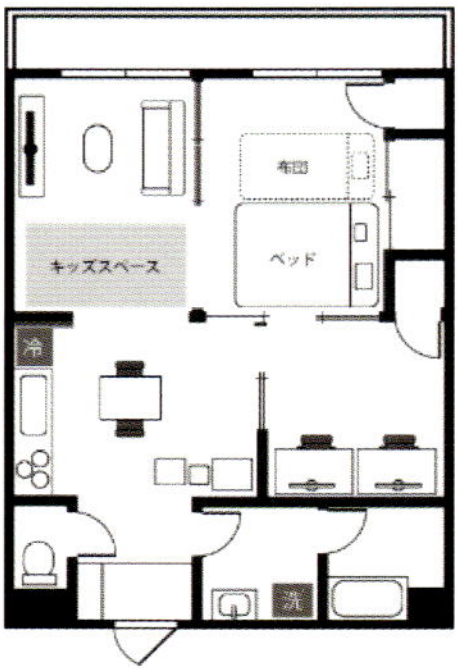

生後9カ月（つかまり立ち期）のときの間取り。息子の動きが活発化し、寝室と作業室をトレード。寝室とリビングがキッズスペースになるように変更。ものが少ないと、模様替えもしやすいです。

HOUSEHOLD BUDGET

家族3人で過ごす時間を大切に

夫婦どちらも在宅で仕事しているので、いつも2時間おきといった感じに代わりばんこに子どもの面倒をみています。

ただ、そうすると、子どもと2人で過ごす時間が多くなってしまうので、夕飯後から夜寝るまでは家族3人で過ごす時間を作り、みんなで遊ぶようにしています。

子どもも、この時間はいつも以上にご機嫌に遊びまわっています。

子どもの遊び終わったおもちゃやサイズアウトした服は、すぐにメルカリに出しています。

売れ残ったものは、子育て支援センターのバザーに持っていき、なるべく溜め込まないようにしています。

ヘッドを付け替えると、ほうき・モップ・フローリング用お掃除シートに。掃除道具の収納場所が省スペースで済んで助かっています。

キッチンダスター。雑巾を持たないで済むようになりました。ティッシュよりも丈夫で繰り返し使え、タオルよりも早く乾く優れものです。

子ども服のつけおきや食器の漂白に使用。フタ付きで 約600円と安いので、1つ持っていると便利です。主張しないデザインがお気に入り。

ほこりを絡め取ってくれるミニハンディモップ。テレビの画面やテレビ台に乗っかっているほこりを、さっと巻き取ってくれます。

HOUSEHOLD BUDGET

無印アイテムが掃除の原動力

掃除ってめんどくさい…。ついつい、そう思いがちですが、お気に入りのグッズを使うことで、やる気が出たりもするものです。私の場合、大好きな無印良品の掃除グッズを使うようになってから、掃除が楽しくなり、進んでやるようになりました。

無印良品の掃除グッズは便利なだけではなく、機能美も兼ね備えていて、どれもお気に入り。

特にほうきは、モップ、フローリングお掃除シートとヘッド部分を用途に合わせて付け替えられて省スペースにも役立ちます。

お気に入りの道具たちが、掃除へのモチベーションをあげてくれます。

中古品を活用して、人と比べずゆったり暮らす

PERSONAL DATA

森 秋子

Blog 「ミニマリストになりたい秋子のブログ」https://ameblo.jp/otta3/
3人暮らし（夫、妻、子・小学生）+猫2匹、亀1匹、東京在住、30代、主婦

住まい 1LDK、約50㎡、分譲マンション

持つ基準 「これがあるべき」にとらわれず「私たち」に必要なもの

持たない基準 「ほこりのせ」になる雑貨、「カオス箱」に進化する収納グッズ

捨てる基準 自由な気持ちが縛られる・家事を増やす・見栄を張りたくて持っているもの

HOUSEHOLD BUDGET

一番コストダウンした買い物は「家」

以前は仕事と育児と家事に追われ、気持ちの余裕もなく、ものもストレスも増える一方でした。

あるとき子どもが「ママ大事」と言ったことをきっかけに、生活を見直し、「お金」「自分の時間」を大切にしようと決めました。

私は投資も、ポイントを貯めて利用することも、節約もしていません。やっていることは、なるべく「中古品」を買うことだけです。

一番のコストダウンは家で、新築時5500万円ほどだったマンションを25歳のときに1400万円ほどで購入しました。29歳でローンを完済。家電や家具を減らし、今は修繕管理費に月3万円ほど支払って暮らしています。

誰かのお下がりを、もう一度活用できたと思うと気軽。中古で美品がそろえられる服よりも、新品で購入するパジャマ、靴下、下着のほうが高額…。

ソファも中古。パーソナルスペースを確保できるひとり用を3脚購入。

収納を捨てまくったら、無理だと諦めていた自分の大好きなものを置ける空間ができました。この中古のピアノは、その象徴のような存在です。

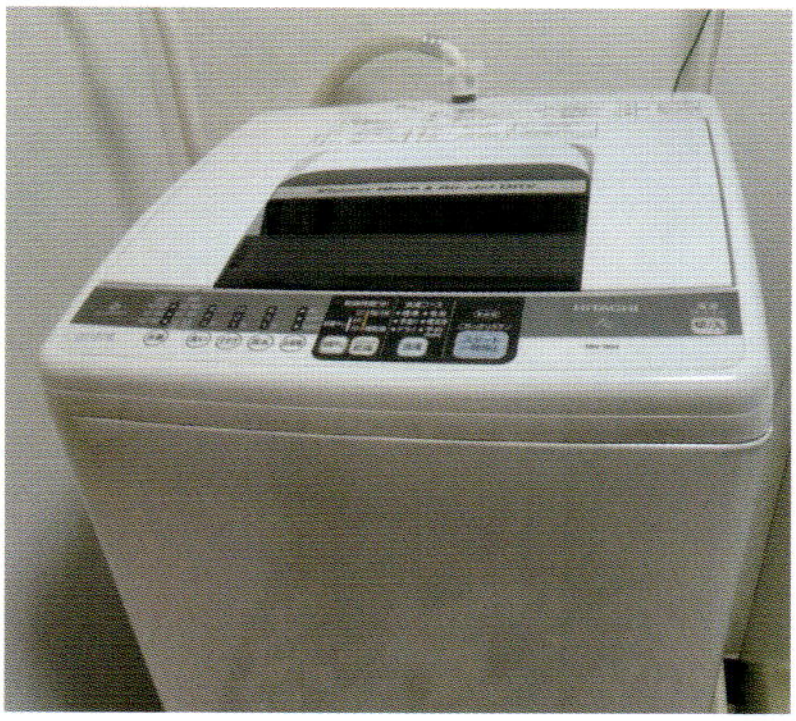

ダンボールも説明書もなく、身ひとつできた7kg用洗濯機。リサイクルショップで購入。配送料や前の洗濯機の処分費用込みで3万3000円ほどでした。

HOUSEHOLD BUDGET

消費欲求は
エア爆買いで発散

洗濯機、ソファ、車、服、食器など、わが家ではいろいろなものを中古品で買っています。

将来困る・損していると説得され続けている資産運用は、元本保証してくれるならやると決めて、定期貯金しているままです。

「得しよう」と焦ることなく、中古品を使ってのんびり暮らすスタイルに変えるだけで、必要な経費が下がり、我慢も減り、過剰包装とダンボールゴミも減らせます。

ものを買いたくなったときは「エア爆買い（ネットショッピングで、カートに欲しいものを手当たり次第に放り込み、眺めてから、決済しないでおしまいにする）」をして、消費欲を満たしています。

スポンジの代わりに、市販のあみたわしを使用。食器洗剤をやめたら、手荒れもなくなりました。水切りかごも置いていません。

情報にさらされて疲れたときは、近所を散歩して、鳥のさえずりに耳を傾けたり、夕暮れ空の色の変化を眺めたりして、頭と心をスッキリさせています。

わが家の調理器具はこの3つだけ。調理道具を思い切り減らしたら「自炊」できるようになりました。片づけが減り、家事の負担も減少しました。

HOUSEHOLD BUDGET

「ない家」にいると素敵なものにどんどん出会える

私がものを捨てる基準は「自由な気持ちが縛られるもの」「家事を増やすもの」「見栄を張りたくて持っているもの」です。

飽きやすい性分なのにミニマリスト歴が案外長いのは、「ない家」にいると、ささやかでほっとする美しいもの、自分を助けてくれるもの、勇気づけて希望をくれるものに、どんどん出会うからです。

出会うたびに「もっと広ければ」「もっとたくさんあれば」と先急ぐように与えられる価値観を振り払って、「もっと狭く」「もっと少なく」と逆走できる勇気がわきます。欲しいものがたくさんあるから、私はもっともっとミニマリストになれるのです。

テントでアウトドア気分。薄い1枚に覆われているだけなのに、特別な空間になって、いつもより安心できるのは不思議。

ダイニングテーブルが、子どもの勉強机。このテーブルも中古で購入。ここで宿題をした後、子どもはベッドにダイブしに行きます。

子ども部屋には、セミダブルのベッドのマットレスのみ。時々、ここにテントを張って楽しんでいます。

HOUSEHOLD BUDGET

勉強机のない子ども部屋

子どもが1年生になるとき、「勉強机」を買いませんでした。

入学前に、宿題はしたほうがいいことと、できないときには手伝うことを話しました。

子どもと宿題をする場所を相談しました。子ども部屋に勉強机を置く子もいれば、ダイニングで勉強する子もいる話をしました。

「ママはどうしていたの」と聞かれ、勉強机をもらったけどひとりでいるのがさびしいから、お母さんが料理する台所の隣の部屋で勉強していたことなどを話しました。

子どもが選んだのは、ダイニングテーブルでした。

6年生になった今も、子ども部屋には勉強机を置いていません。

お金を使いたくないなら家で過ごすのが一番

PERSONAL DATA

kei
@minmaro_0107

Instagram	https://www.instagram.com/minmaro_0107/ 3人暮らし（夫、妻、息子18歳）+犬2匹、神奈川在住、40代、主婦
住まい	3LDK、101㎡、一戸建て
持つ／持たない基準	「使うか・使わないか」「必要か・必要でないのか」
捨てる基準	ものを手放す際は、「これは必要?」と問いかけます。即答できないものは、なくても大丈夫なので、極力手放すようにしています

HOUSEHOLD BUDGET

ものを減らしたら掃除が好きになりました

以前は、出かけてばかりで家にいることも稀でした。自分は「じっとしているのが嫌いな活動的なタイプ」なんだとずっと思っていました。

ところが、今の家に住んでから、やましたひでこさん、ゆるりまいさんの本を知り、断捨離にハマりました。不要なものを処分した結果、掃除がラクになり、好きではなかった掃除が好きになりました。

以前、友達が「お金を使いたくないなら家で過ごすのが一番」と言っていたのを聞き、私には無理と思っていました。

でも、家が整っていくうちに、家が大好きになり、その言葉通りに思えるようになりました。

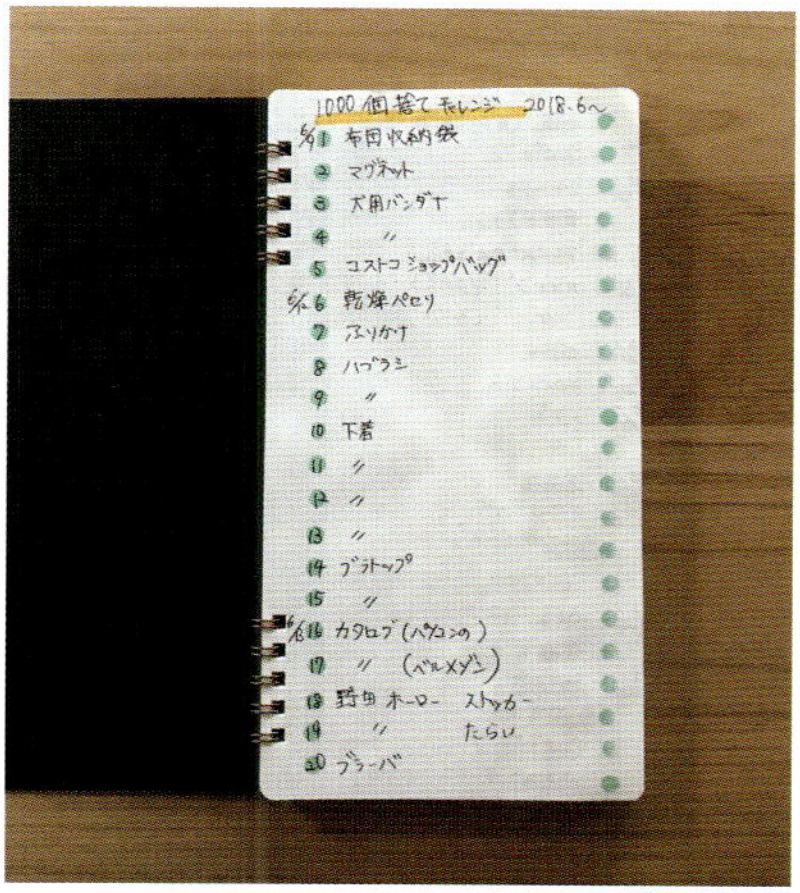

昨年末、1カ月で「100個捨てるプロジェクト」をやり、無事成功。その後は「1日1捨」をやっていましたが、今は「1000個捨てチャレンジ」をしています!課題やチャレンジ、目標を書き出して可視化したほうが、やる気が出ます。

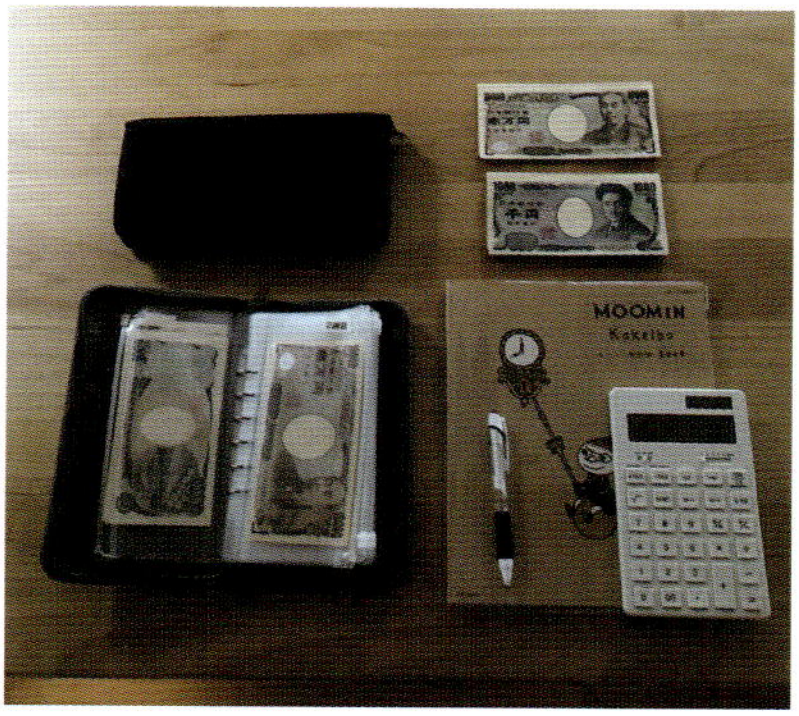

わが家の家計簿セット。財布、家計簿、ノート、電卓、ペン。毎月、先月の家計簿の〆と、今月分の生活費の振り分けを行っています。

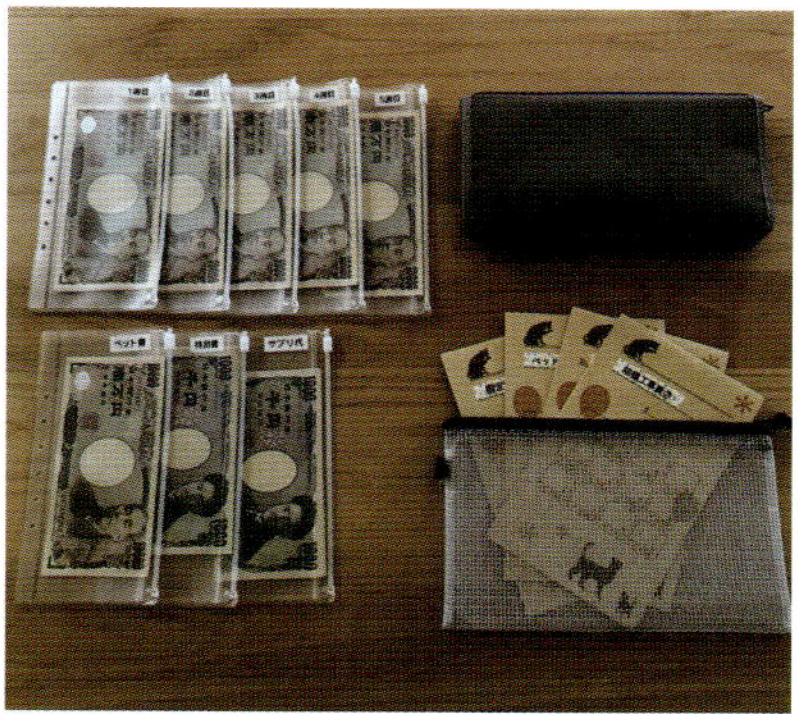

左上の袋は、1週間分の予算×5週。下の袋はペット費や小遣い代。生活費を振り分けて、意識して1日2000円生活をしています。

HOUSEHOLD BUDGET

家計簿は体重計と同じ

過去、家計簿を何度も失敗している私。1年前に袋分けを始めたのを機に、家計簿をつけるのをやめました。つけなくていいとラクでしたが、何かが物足りない…。

あるとき気づいたんです。体重計と同じだと。数字が見えないと気持ちが甘くなるんですね。つけることで「今週は使い過ぎたから、来週は気をつけよう」と振り返って反省し、対策を考えて行動できるんです。

体重計が健康のバロメーターなら、家計簿はお金のバロメーター。

今回は、あくまでお金の流れをつかむのが目的。「毎日つけなくちゃ!」「1円残金が合わない!」はしないつもりです。

素敵なライフスタイルを送られている方の動画を見ては、ああ、毎日をこんなふうに丁寧に過ごしたい…と、掃除のモチベーションを上げています。

椅子を机に上げて、ルンバを起動。放っておくだけで掃除が終わります。幸せ！

レデッカーのキッチンブラシのような柄付きのブラシをずっと探していたら、なんと ダイソーで理想通りのブラシを発見！ 探せば見つかるものですね。

HOUSEHOLD BUDGET

お掃除ロボットの導入はよく考えて

家事の中では掃除や片づけが好き。掃除道具は、かなり持っています。家族全員がアレルギー持ちということもあり、掃除もマメにしています。

勝間和代さんの『超ロジカル家事』（アチーブメント出版）を読み、便利な家電に頼ってもいいんだ！と、わが家でもルンバとブラーバを試しました。

ルンバは現在も大活躍ですが、ブラーバの使用は3回ほど。犬が反応して吠えること。無垢材には不向きだったこと。カーペットを避けてくれないことが理由です。

わが家のように「合わなかった…」とならないために、よく考えてから購入を決めてくださいね。

購入した無印良品のファイルボックスハーフサイズを使って細かく分類。種類ごとに分類すると、取り出しやすくなります。

ガスコンロ下の収納。下に、ニトリの抗菌滑り止めシートを敷いてから収納ボックスを設置。滑らないし、洗えるし、おすすめです！

寝具はオールシーズンのものを1組だけ。1年中使えるのものだと、オフシーズンに収納場所が必要になったり、シーズン毎に買い替える必要もなし。

醤油、みりん、酒は同じようなビンなので、わかりやすいように、フタに「み」「酒」とマジックで書いています。

HOUSEHOLD BUDGET

持ちすぎなければ収納術は不要

家中の収納という収納を隙間なくパズルのようにきれいに並べて、その収納の中もさらにケースなどで細かく分類している方の収納術を本で見て、ふと思ったんです。

この収納法、一見すごくスッキリきれいに見えるけど、ものは相当な量あるんだろうなぁ、と。

この8年間断捨離をやってきて思ったこと。やっぱり私が理想とする収納方法は、扉を開けたとき、ある程度隙間があって、何がどこにあるか一目でわかるもの。

ものって自分が思っている以上に少なくても全然大丈夫だと思います。ものが少ないと収納術なんて必要がなくなりますよね。

6章

ミニマリストおすすめの掃除・洗濯グッズ

心地よい暮らしを実現するために欠かせない「掃除」や「洗濯」。できる限り少ない労力と時間で行いたいものです。

ミニマリストさんたちの暮らしを眺めていたら、ある共通点を発見しました。

それは、持ちものが似ているということ。

道具選びからも「ムリなく、ストレスなく」という考え方が読み取れます。

スティック型クリーナー

家を美しくキープするためには不可欠な掃除道具。
ミニマリストさんの中では、軽くてコードレスで、手軽にスイスイお掃除ができて、
コンパクトに収納できる「スティック型クリーナー」が人気のようです。

CLEANING

嫌いだった掃除機かけが、今では一番好きな家事に

おふみ

かつて掃除機かけが一番嫌いな家事でした。本体が重いため階段を持って上がるのが億劫で、コードの抜き差しも面倒なので、掃除のたびにストレスを感じていました。マキタの充電式クリーナーにしてからは、軽くてコードレスなので階段でもどこでも気軽に持ち運べます。掃除への心理的ハードルがぐっと下がり、掃除機かけが一番好きな家事に変わりました。

ピノ子@くらしにのらり

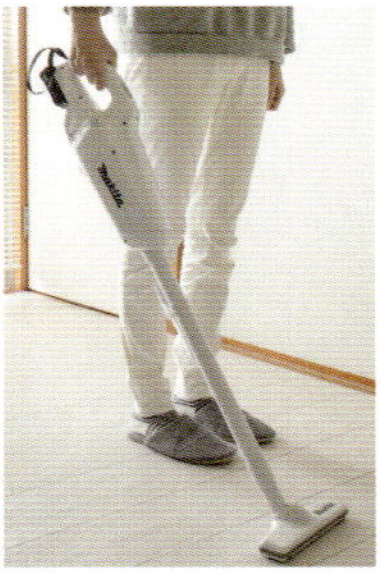

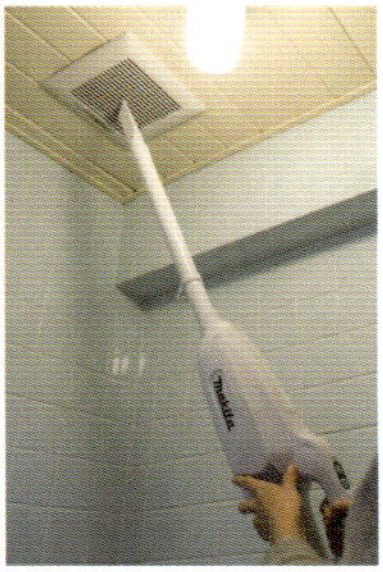

CLEANING

毎日使うものだからこそ、自分にあったものを選ぶ

無印良品好きの私ですが、コードレス掃除機はマキタに決めました。軽くて充電が早い(わずか20分)。値段も手頃(購入当時1万5000円)。コードがないと掃除のしやすさが全然違います！まるで、ほうき（コードレスで軽い）と、掃除機（ゴミをしっかり吸引）のいいところをとった、“電動ほうき”のよう。天井についている換気扇を掃除したいときも、簡単に持ち上げられます。

yk.apari

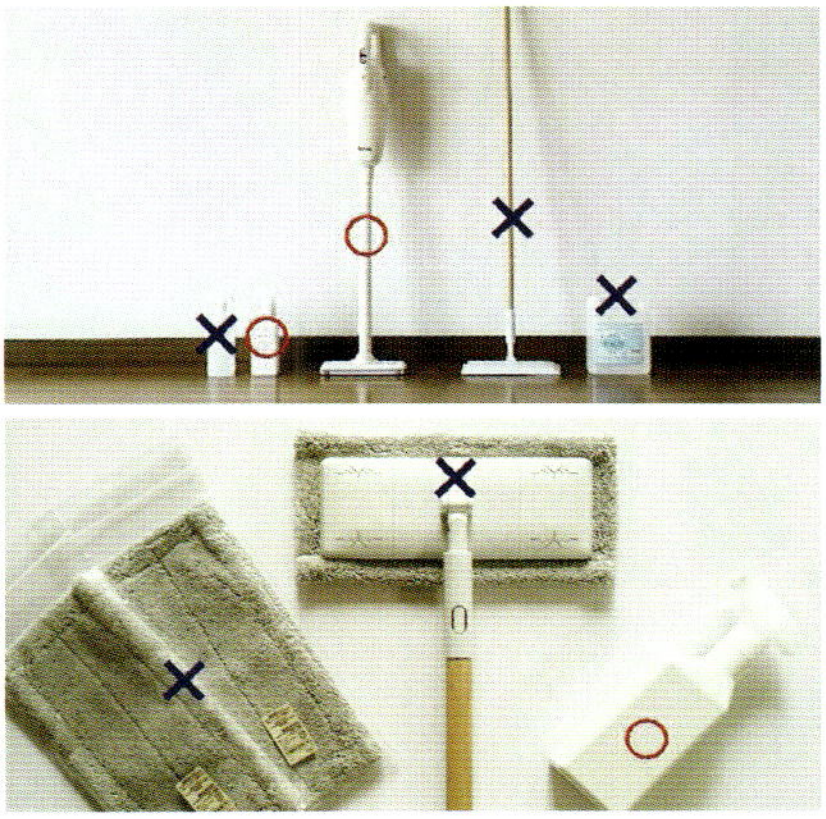

掃除用具を必要最小限まで減らすと掃除がラクに

床にものを置いていないと簡単に掃除が終わるので、玄関、キッチン、洗面所にはマットを置いていません。フローリングなので、床掃除はマキタの掃除機で、拭き掃除はウェスや使い捨てウェットシートを使っています。掃除が大の苦手ですが、洗うのが面倒なモップなどを断捨離し、掃除用具を必要最小限まで減らしたら、好きになりました。

500mlペットボトルを設置して水噴射できるスプレーワイパー

カインズホームで購入したスプレーワイパーを愛用。定期的にペットボトルを交換すれば衛生的。床拭き時は、古タオルを挟んで使い捨てしていますが、ペットボトルを外し、市販のシートを挟んで、天井や壁の掃除をすることもあります。意識しているのは、床にものを置かず、掃除前の片づけ作業をなくしていること。片づけと掃除は連鎖すると思います。

うた

kei

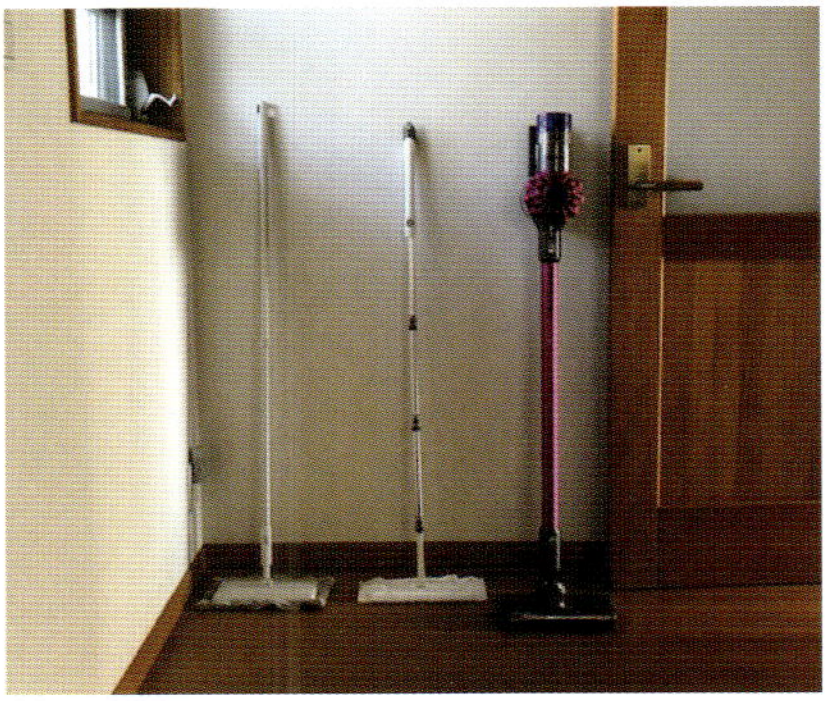

家族が起きてくる前の毎日10分「朝モップ」

朝一番にフローリングモップで床掃除をしています。朝一番にする理由は、大気中に漂っているほこりやチリが、就寝中に床に舞い降りてくるから。床に落ちきったときにモップをかけるのが一番効果的。朝モップをすると、掃除機や雑巾がけは週1でよさそうです。

洗濯機

暮らしに欠かせない家電の１つ、洗濯機。縦型とドラム式の２種類があり、
価格や洗浄力重視なら縦型、節水性と乾燥性能重視ならドラム式、などとも言われます。
ミニマリストさんの中には、乾燥機つきのドラム式洗濯機に変えた人も多いようです。

CLEANING

４畳半でも置ける 最小サイズの洗濯乾燥機

ドラム式洗濯乾燥機の中では最小サイズのCuble。４畳半の洗濯機置き場にも設置可能。インテリアに馴染むデザイン、縮みの少ない低温乾燥、よいところをあげるとキリがありません。「温水洗い」の60度設定機能で皮脂汚れも十分落ちるので、洗濯洗剤は使っていません。ちなみに、この洗濯機を買うのに14万円払いました。一見、高額ですが、「干す」「取り込む」時間をほぼゼロにでき、その浮いた時間を自分のやりたいことにあてられると考えたら、贅沢だとは思いません。

ミニマリストしぶ

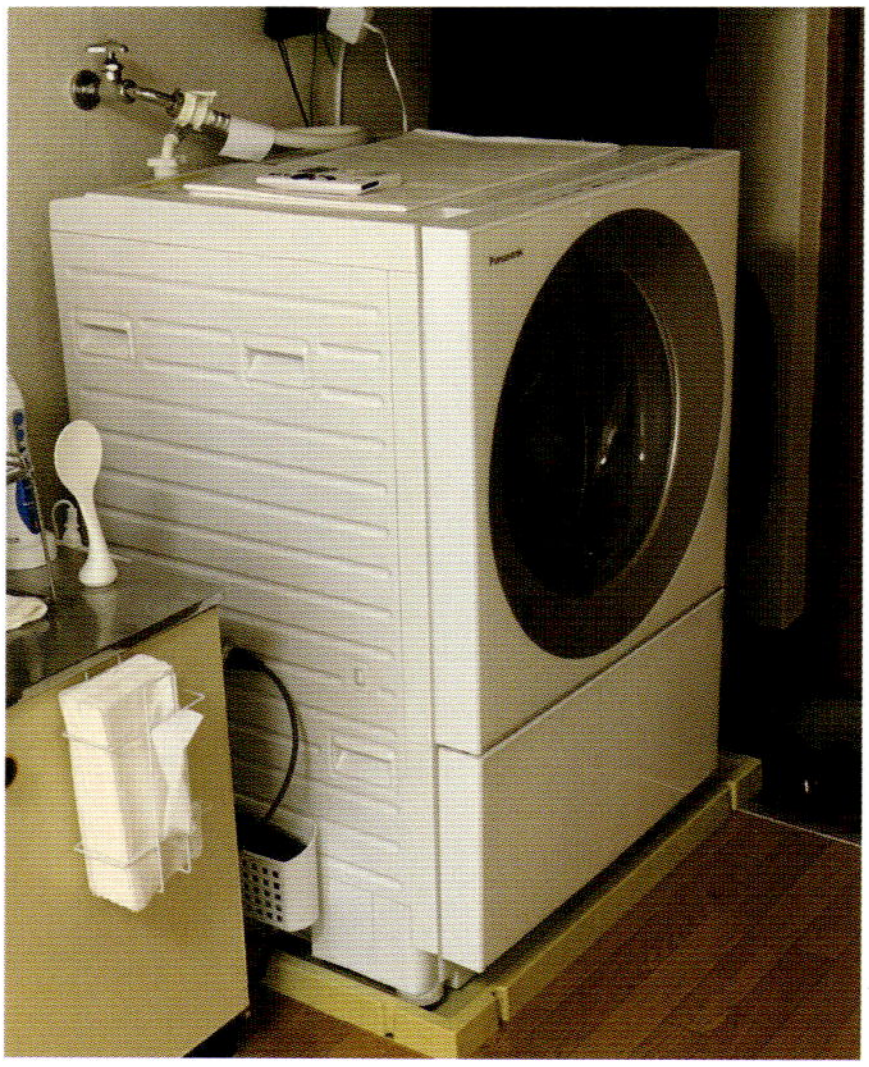

kei

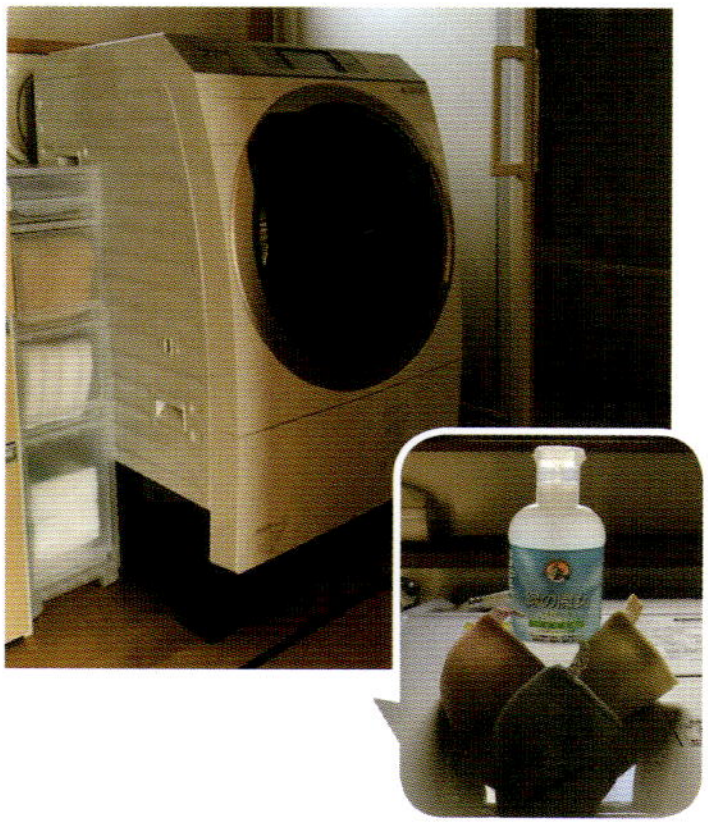

CLEANING

「干す」「取り込む」「たたむ」の 作業がないと、こんなにラク！

週に３、４回使用。洗濯物を干す作業、取り込んでたたむ作業がないだけでこんなにラクになるのか、と感心するばかり。最近は高度99.5%のピュアマグネシウムが原材料の「ベビーマグちゃん（写真右下のネット）」で洗濯しています。高い洗浄力があり、臭い成分の分解率は洗剤の10倍。物足りないときは「緑の魔女」をほんの少しプラス。どちらも洗濯槽や排水パイプの汚れをきれいにしてくれます。

兼子寿弘

買ってよかったもの No.1

“服を洗濯して、外に干して乾かす”という行為を、毎日しなければいけないのが、とにかく大変で苦痛でした。洗濯が天候に左右されなくなったことと、洗濯物を干す・取り込む労力がなくなったことは、自分の暮らしの中では革命でした。「今日、洗濯物干して来ちゃった!」と嘆いている人を見かけたとき、ドラム式洗濯乾燥機のある暮らしのありがたさを痛感します。

天気にハラハラしないで洗濯できる快適さを知りました

雪国に住んでいたので、洗濯が天気に非常に左右されていました。乾燥機付き洗濯機のおかげで生活は劇的に改善。出社前に脱いだ寝巻きを洗濯機に放り込んでおけば、帰って来たら乾燥までできています。清潔な服をいつでも着られるって素晴らしい！暮らしの幸せ度が底上げされました。

おふみ

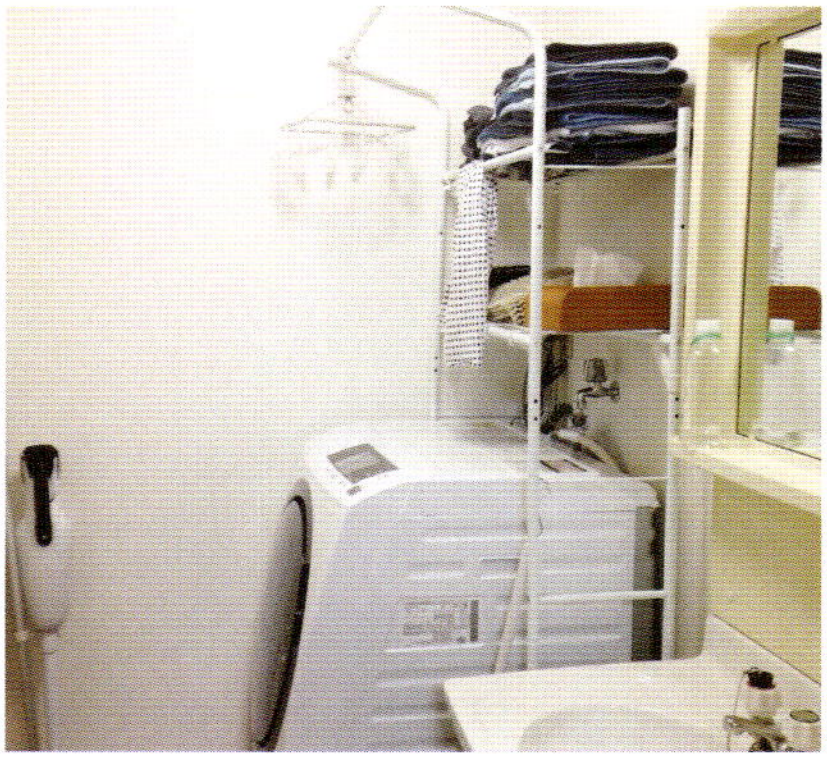

maru*

洗濯機まわりを白で統一させてスッキリと

かごはニトリのもの。洗濯機にスポッと収まるので、かさばらなくてお気に入り。そのまま外にも持ち出せて使い勝手も◎。
カラーレスで、ホワイト×シルバーだけの空間は、わが家のお気に入りの場所。

油汚れ、水垢対策

キッチンでは避けられない油汚れ・水垢・手垢・石けんカスの掃除に、
効果てきめんなのが、ウタマロクリーナーや、酸素系漂白剤のオキシクリーン。
ミニマリストさんの中にも、愛用者が多いようです。

CLEANING

お掃除クリーナーは これに1本化します

みそぎ

床を毎日すべて水拭きしていたのに、ウタマロクリーナーで拭いてみたら、コンロの前の床がすごく汚れていました。この事実がショックで、全部屋掃除することに。こすらずにキレイになるし、手も荒れにくい中性、どこでも使える万能さもある。ウタマロクリーナーの威力を感じました！

maru*

CLEANING

洗濯石けんを スティックのり風に

部分洗いをするとき、「ウタマロ石けん」を使っているのですが、本来の大きな形のままでは使いにくく、全体を濡らすと溶けてしまうので、ケースに入れて使用。白のケースはダイソーのもの。もともと襟、袖専用の洗濯石鹸が入っていましたが、わが家ではウタマロ石鹸を入れて使用。三等分サイズがぴったり！スティックケースの底から必要な分だけ押し出せば、直接、石けんに触れずに、こすりつけられます。

ピノ子@くらしにのらり

オキシクリーン１本で家中をきれいに

酸素系マルチ漂白剤「オキシクリーン」。汗ジミ・黄ばみ・泥汚れ、水垢にも対応。わが家では食器を漂白するときに使用。40 ～ 60度ぐらいのお湯に食器を漬けたら、オキシクリーンを入れて20分以上放置。洗い流したら、落ちなかった汚れがピカピカに！　洗剤を何種類も持っていると、収納スペースがその分、必要になるので、これに１本化していきたいです。

シンクに水を貯めてオキシ漬け

排水ザルをビニル袋に入れて縛り、排水口の元の位置に、袋に入った状態の排水ザルをはめこみます。それだけでシンクに貯水ができて水が抜けません。
水をはってオキシクリーンを入れること１時間で、シンクも茶渋がついたカップも、水筒やコーヒーメーカーの部品もピカピカに！

camiu.5

maru*

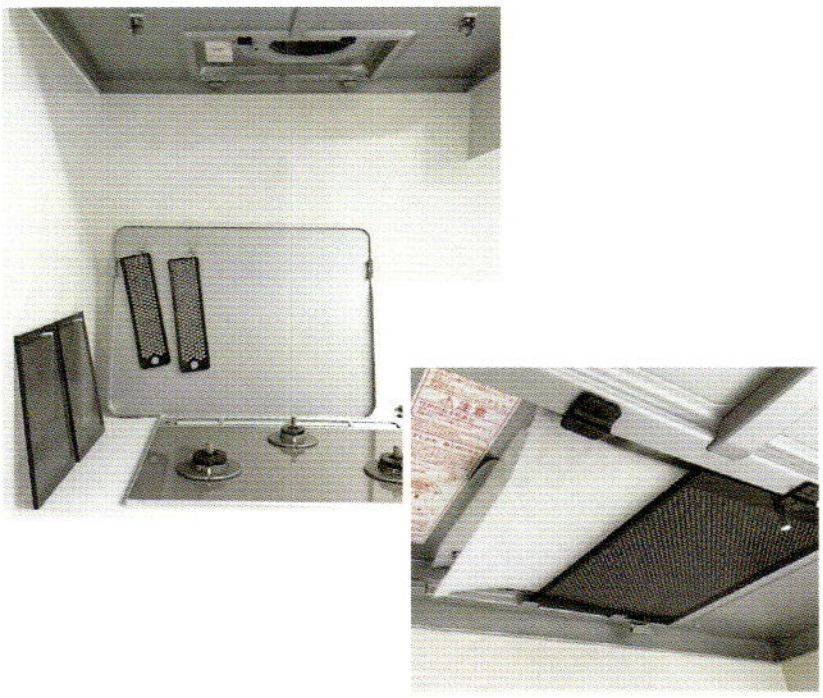

わが家の換気扇掃除の手順をご紹介します

わが家の換気扇掃除の手順は、①ウタマロクリーナーで全体を拭き掃除、②パストリーゼで仕上げ拭き、③フィルター交換。フィルターはマグネットで下から押さえたら、折りたたんで網をします。週１掃除を目安にしています。

アルコール除菌

パストリーゼ77やJMなど、おしゃれな除菌アイテムがいろいろありますが、
ミニマリストさんの中にも、愛用している方が多数！
料理を始める前の手の除菌はもちろんのこと、まな板、包丁、食器などに吹きかけたり、
冷蔵庫や電子レンジの中の掃除に使ったりもできます。

※パストリーゼ77は、ドーバーという日本の酒造会社が製造している消毒用アルコール。
飲食用にも利用する水とエタノールから製造されていて、安全性は折り紙付き。商品名の77は、アルコール度数が77%という意味。
※JM（ジェームズマーティン）は、清潔さが求められる飲食業の現場から生まれたブランド。
ウィルスや細菌の脅威から私たちの暮らしを守ってくれます。アルコール度数は65%。

CLEANING

おしゃれなパッケージ JMのフレッシュサニタイザー

maru*

出しっぱなしでもインテリアになるボトルデザインが素敵。ソファやカーテン、子どものぬいぐるみに使用してみたところ、香料でごまかさず、使用後のベタベタ感もなく、しっかり消臭されました。除菌、消臭、抗カビに優れていて、レストランやホテルでも愛用されているようです。

兼子寿弘

CLEANING

ローテーブルや鏡の汚れが目立ったら拭く

拭き掃除には、パストリーゼ。ニトリのローテーブルと、洗面台の鏡と、部屋のスタンドミラーを拭くときに使っています。成分がアルコールで揮発性が高いので、水拭きでは残りがちな“拭き取り跡”が残りません。今田耕司さんおすすめの商品としても有名ですね。

hana

水まわりは いつもキレイに

毎日のキッチンリセットの必需品は、ウタマロクリーナー＆パストリーゼ。ウタマロクリーナーで拭いた後、パストリーゼでしっかり拭いたら、キッチンのリセット完了。ゆっくりおうちのことができるって幸せ！

冷蔵庫の拭き掃除は 中味を全部出してから

冷蔵庫を掃除するときは、まず中に入っているものを全部出して水ピカで拭きます。その後、JMで拭いて、ものを中に戻すときに埋蔵品がないか見直しています。キッチンがきれいだと立つのが楽しくなるので、キッチン掃除をすることで、自分のやる気もあげています。

camiu.5

camiu.5

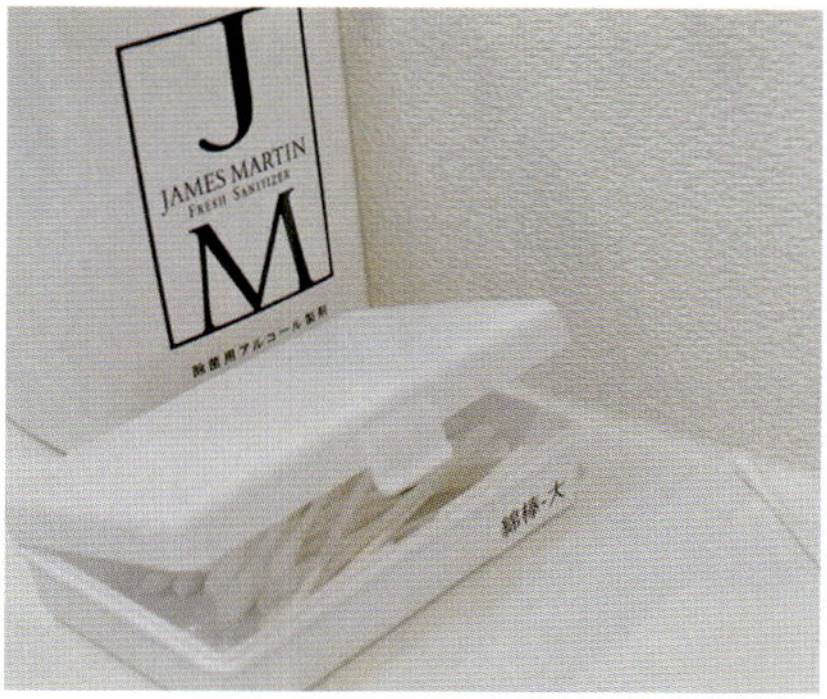

綿棒を使うと 隅々までスッキリ

洗面室でのお掃除にも、アルコールスプレーを使用。鏡も洗面ボウルも扉も引き出しにも。綿棒にアルコールを吹き付けて、すーっと走らせれば隅々まできれいに。消毒もできます。

装幀・本文デザイン　齋藤 知恵子（sacco）
イラスト　山﨑 美帆

ミニマリストな暮らし方

ひとり暮らしから5人家族まで。

人気インスタグラマー＆ブロガー 21人

2019年2月21日 第1刷発行
2019年3月 5日 第2刷発行

編　者　すばる舎編集部
発行者　徳留 慶太郎
発行所　株式会社すばる舎
〒170-0013 東京都豊島区東池袋3-9-7
東池袋織本ビル
TEL　03-3981-8651
（代表）03-3981-0767（営業部直通）
FAX　03-3981-8638
URL　http://www.subarusya.jp/
振替　00140-7-116563
印刷　ベクトル印刷株式会社

落丁・乱丁本はお取り替えいたします

ISBN978-4-7991-0793-5